# 班照上、股照炒
# 100張圖學會
# 股市當沖

股市達人 **陳榮華** /著

★前一天晚上：做好基本設定

## 步驟 1 挑選上櫃公司成交量最大的 20 支股票

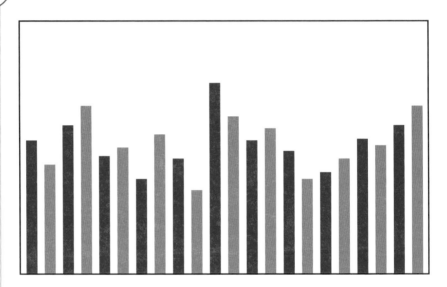

## 步驟 2 四個指標定多空

| 指標 | 多 | 空 |
|---|---|---|
| 12 日及 58 日均線 | ⬆ | ⬇ |
| K 線形態 | ⬆ | ⬇ |
| 券商買賣家數差 | ⬆ | ⬇ |
| 券商交易家數 | ⬆ | ⬇ |

步驟 **3** 決定進場、停利、停損價位
（參考弱勢價、中間價、強勢價）

強勢價 ── 今日最低價 ＋
　　　　　（今日最高價 － 今日最低價）× 1.382 或 1.618

中間價 ── （今日最高價 ＋ 今日最低價）÷ 2

弱勢價 ── 今日最高價 －
　　　　　（今日最高價 － 今日最低價）× 1.618 或 1.382

步驟 **4** 決定投入資金

$$買入單位 ＝ 帳戶餘額 ÷ 100 ÷ ATR × 安全係數$$

★ 當天早上：**08:45 至 09:00** 進行最後確認

步驟 **5** 以期貨市場表現做最後決定

| 原始多空設定 | 期貨市場表現 | 操作與否 |
|---|---|---|
| 做多 | 上漲 | ○ |
| | 下跌 | × |
| 放空 | 上漲 | × |
| | 下跌 | ○ |

# 序言：在動盪年代，抱股過夜睡得著？
# 還是今日沖今日畢？

2018 年是戊戌年，在中國傳統學說中被稱為「赫曦」之年。而「赫曦」的意思是「炎暑熾盛貌」，五運之中，是火太過。戊戌年，是萬物破敗，也是萬物新生之年。60 年一甲子，歷史逢戊戌都有大事發生。180 年前是林則徐禁煙，120 年前的戊戌年是戊戌變法，60 年前的戊戌年是 1958 年大躍進和金門炮戰。火主動，行動、運動、衝動、變革，在這一年容易被加速、被點燃。事實上 2018 年世界也格外反常，市場加劇動盪。

該年接近年底時我由上海回到台灣，主要是陸股因中美貿易戰的關係而走勢不振，持續低迷，而台股還在萬點震盪充滿活力，但想不到的是 2019 年元月開始中美貿易談判大有進展，聯準會從強硬的升息派轉為溫馴的小鴿，全球股市掀起一波補漲走勢。

在 2019 年 1 月初之前，美股所有均線都反轉下跌，完全空頭排列，尤其是大家預期貿易戰即將開打，誰都不想持股，只想持有現金當下，道瓊指數以一個多月的時間，完全扭轉空頭走勢，且所有均線由空頭排列翻轉上揚，形成完整的多頭排列，這在過去百年歷史的美股，算是相當罕見的走勢，而我們剛好躬逢其時。

大陸的滬深兩市是 2018 年全球最弱的市場，但 2019 年開年後彈力相當驚人，主要是跌深後市場資金的流入撿便宜，尤其是 MSCI 指數大幅調高陸股權重，加上大陸因經濟可能趨緩而大幅降稅，上證指數由 2,440 點在短短 3 個月內拉升超越 3,100 點，這也意味著滬深兩市在豬年有很大的翻身機會。

反觀台股走勢，雖然一度接近 10,500 點的跳空缺口前沿，但也因為基期較高，相對的反彈幅度並不高，加上 MSCI 不斷調降台股評等，投資人擔心台股邊緣化，以及 2019 年經濟展望較去年低，很多企業採取觀望態度而不增加資本支出的情況下，台股的量能反而停滯不前。

投資者都知道，支持台股維持高檔震盪的主要原因是，企業拿出公積配息而形成高殖利率，並非公司預期賺錢。這種情況造成市場開始流行當沖交易，當然交易稅的降低及風險的考量也是助長當沖交易盛行的因素之一。

面對這樣的**趨勢**，我一直思考著如何才能在當沖交易中大賺小賠，並且兼具風險的極小化，重點是在前一天晚上，如何捉住隔天可能有行情的個股呢？

這時第一思考的重點就是成交量。因為股市變動向來是「量比價先行」，也就是先看到成交量之後，才比較有可能出現適合短線或當沖的價格。而這裡所指的成交量，並非「絕對放大」的成交量，而是「相對放大」的成交量。也就是說當天的成交量是上市或上櫃中前 20 大之外，本身的成交量也要比前一天放大至兩倍或兩倍以上，而這種放大並非過去沒量、當天突然爆量，而是持續放量，如果是量能忽大忽小，都不是適合當沖的好標的。

由於大部分投資者都是上班族，因此在當天成交量的篩選中，如果將上市及上櫃前 20 大成交量都包含進去，其實花的時間太冗長，恐怕無法持續，建議從上櫃股票著手，一來股性較活潑，股本小好拉抬，其次當沖客較多，比較好沖銷。

扣除掉成交量因素後，20 支股票應該只剩 10 支的股票可以進入候選名單內，這時再用一系列的技術指標來決定操作方向。如當 12 日均線交叉、58 日均線形成金叉往上時，且股價站上均線之上做多，當 12 日均線跌落在 58 日均線形成死叉往下時，且股價在均線之下做空。這時應該只剩下 3 至 5 支股票適合當沖，選擇 1 至 3 支股票當作隔天下單標的後，接著就要設定停利及停損點。

如果該股是處於區間震盪，那麼可以考慮參考逆勢操作系統（CDP）操作公式所提供的點位。如果行情處於持續偏多或偏空，或是搞不清楚時，可以使用書中提供的**趨勢預測系統**。該系統是由當天的收盤、高低點去推算隔天的 3 個價格，分別是強勢價、弱勢價及中間價，藉由收盤價與這 3 個價格之間的位置關係，快速的推算出隔天的進場、停損及停利點。

如果，由於台股的走勢會受美股前一天晚上走勢的影響，因此，你 8:45 台股期貨開盤，還要再一次確認你昨晚的設定，與期貨的走勢是否一致。一致，可以執行；不一致，大不了不操作。

最後，若你有時間在 9:00 至 9:15 分鐘之內看一下盤的話，那麼可以由這 15 分鐘盤面的變化，來雙重確認自己原先設定的策略是否正確，還是需要修正。

當這些步驟都完成後，最終就是收盤後看結果，不是停損就是停利，或是掛單完全沒成交，你可以在當晚根據走勢擬定新的策略。

在實際執行方面，少數的券商交易軟體有停損設定功能，如果你恰好在這些券商交易，那麼，你可以很方便的設好交易條件，安心上班。如果沒有，你可以採用以下兩個方法：

一、把交易條件告知你的營業員，請他代為操作。

二、所有的券商交易軟體都可以設定進場及停利。因此在停損的部分設定報價通知，觸及此價位時，會以簡訊通知你，以人工處理。（這個方式有其風險，因為老闆可能和你開會，你無法反應。因此，如果你只有這個選項時，其實也許你並不適合這套操作模式。）

如果你的情況允許你盯盤，那麼本書也提供部分資訊，教你提升隨機應變的能力。

根據以上操作 SOP，在 2018 年 12 月至 2019 年 4 月，平均獲得 7.2% 的投資報酬率，成績相當可觀，可供讀者參考。而 2018 年 12 月至 2019 年 1 月的交易情況列表如后，根據這兩個月的操作，你會發現，許多選定的投資標的不會成交，重點是如果成交，賺錢的機會大、幅度高。而作者長期操作下來，得到以下操作心得：

1. 不是每天都要成交，而是一成交就要獲利。

2. 每次的虧損或獲利盡可能地維持在 3% 以內。

3. 雖然每次都下 3 筆交易，但盡可能維持在成交 1 至 2 筆之間，萬一同時成交 3 筆，停損風險很高。因此如果已經有兩筆成交，可以將第三筆取消。

4. 如果熟悉股性的股票，可以經常當作當沖標的，不用時常更換。

107 年 12 月

| 日期 | 標的 | 代號 | 價位 | 多空 | 損益率 |
|---|---|---|---|---|---|
| 12 月 4 日 | 世紀鋼 | 9958 | 70.5 | 空 | 2.0% |
| 12 月 7 日 | 世紀鋼 | 9958 | 69.5 | 空 | 3.0% |
| 12 月 14 日 | 中美晶 | 5483 | 67.8 | 多 | 2.0% |
| 12 月 20 日 | 中美晶 | 5483 | 65.9 | 多 | -3.0% |
| 12 月 24 日 | 華新科 | 2492 | 157 | 多 | 2.0% |
| 12 月 26 日 | 華新科 | 2492 | 156.5 | 多 | -1.9% |
| 12 月 26 日 | 強茂 | 2481 | 25.6 | 多 | -1.9% |
| 12 月 28 日 | 華新科 | 2492 | 159 | 空 | 2.0% |
| 12 月 27 日 | 智邦 | 2345 | 100 | 空 | 3.0% |
| | 合計 | | | | 7.2% |

108 年 1 月

| 日期 | 標的 | 代號 | 價位 | 多空 | 損益率 |
|---|---|---|---|---|---|
| 1 月 2 日 | 智邦 | 2345 | 101 | 空 | 4.0% |
| 1 月 8 日 | 智邦 | 2345 | 103 | 空 | 2.0% |
| 1 月 10 日 | 中美晶 | 5483 | 65.3 | 空 | 1.0% |
| 1 月 11 日 | 華新科 | 2492 | 158 | 空 | 1.0% |
| | 合計 | | | | 8.0% |

　　最後預祝讀者能夠藉由本書在市場上當沖賺錢，只要風險控制得宜，那麼當沖不但不可怕，反而是可以控制風險又能穩定賺錢的投資工具。

　　附上 line@ 二維碼，如果有任何問題可以直接詢問，感謝！

irich股市贏家101
@ojb2830a

# 目錄

## 1 當沖交易基礎

## 2 7個步驟讓你9：15分之前完成當沖設定

步驟 7：中午時間的例外處置

# 3 停損的進階技術說明

# 4 讓你對趨勢判斷更準確的技術分析相關知識

Chapter

# 1

## 當沖交易基礎

# 01 自制力不足者勿入此門

　　當前台灣的證券交易相當活躍，對於新手投資人而言，可能搞不太清楚甚麼樣的股票交易模式較適合自己，風險性如何評估？操作成本如何計算等問題。因此，本書開宗明義，介紹目前台灣股市的3大交易模式，看你是何種屬性的投資人，適合甚麼樣的交易模式。

1、**現金買賣**：直接拿現金買賣股票，這類投資人屬於穩定保守投資者，有多少資金做多少事，不在意股價的短期波動，存股投資人都是採用現金交易，不然賺的股息還不夠付融資利息，但是通常因為是採用現金交易，對於股票的風險較容易輕忽，而導致被套風險產生。

2、**融資券買賣**：股票的信用交易。簡單的說，就是對於想買進股票而資金不足，或看壞一檔股票而想提前賣出股票，但是欠缺股票的投資人。這些問題都可以由證券公司提供資金或股票予以融通而達到解決。通常採用這種方式買賣股票的投資者，性格上較為積極冒險。

3、**當日沖銷**：當沖交易又稱無本金交易，屬於股市中賺取快錢的一種操作方式，根據統計，台股自 2017 年 4 月 28 日將現股當沖證所稅稅率減半後，「當日沖」的熱度拉高，2018 年以來二大市場當沖成交值正式破新台幣 10 兆元，初估 2018 年證券商手續費入帳 142.5 億元，當沖投資人淨賺 106 億元，成為台股 10 月股災來的少數的受惠者。而 2018 年 9 月的日均當沖買賣金額已達 285 億元，占大盤比率已達 23%，到了 10 月更一度逼近 4 成。外資和本土法人合計 1 天的成交量占比約 35%，剩下 65% 為散戶。接近一半的散戶都跑去做當沖，影響力足以和整體法人相抗衡，這背後意味著當沖客的一舉一動，已經足以左右當今的台股局勢。

　　然而，當沖的風險高，報酬也高。在每日進場前要先把停損、停利

點先設定完成。遇到情勢不對，要當機立斷的即時止血，所以當沖交易適合自制力強的投資者。

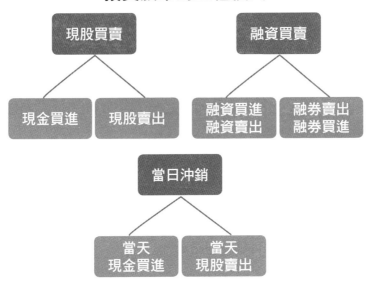

## ═ 投資股市的三種模式 ═

| 現金買賣 | • 投資風險較低，投資成本較高<br>• 只需付證交稅及券商手續費用<br>• 投資報酬較低但時間可以較長 |
| --- | --- |
| 融資交易 | • 投資風險較高，投資成本較少<br>• 需付證交稅及券商手續費用，還有利息或借券費<br>• 投資報酬較高但時間只能中短線 |
| 當日沖銷 | • 投資風險超高，投資成本幾乎沒有<br>• 證交稅減半及券商手續費用<br>• 投資報酬較高但需當日軋平 |

資料來源：作者提供

# 02 台股當沖熱絡主因

　　所謂「當沖」，就是「當日沖銷」（ Day Trading ）的簡稱。其所指的意思就是：在股市中，在同一天之內，針對同一件投資標的，透過一買一賣的方式，達成沖抵、結清、註銷交易的行為，就可稱之為「當日沖銷」交易。

## ◆ 股市方向明顯時，當沖交易量大

　　根據統計，在股市多空不明的時候，當日沖銷的成交易總佔股市總成交量的一成五左右；而當股市熱絡、成交量大增時，當日沖銷的成交易卻往往佔了股市總成交量的三成左右。

　　稅是影響當沖交易量的另外一個因素，2016 年底台股有交易人數276 萬 1882 戶，至 2017 年年底有交易人數突破 310 萬戶，達 310 萬5176 戶，投入台股的投資人增加超過 34 萬戶，其中，11 月每日平均當沖戶數超過 4.4 萬戶，占成交值比重達 24.4%，但在 2018 年當沖交易稅金減半，股市的當沖交易占比卻突破 4 成之多。顯示在台股當沖的交易人確實愈來愈多，也成為刺激台股量能增加的動能之一。

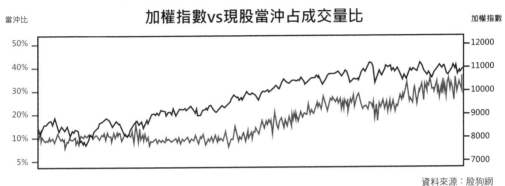

## ═ 股市走向明顯時，現股當沖占比高 ═

### 加權指數vs現股當沖占成交量比

當沖比

50%
40%
30%
20%
10%
5%

加權指數

12000
11000
10000
9000
8000
7000

資料來源：股狗網

## ═ 現股當沖降稅成果比較表 ═

| 降稅前 | | 降稅後 |
|---|---|---|
| 2016/5/1-2017/4/27 | 統計時間 | 2017/4/27-2018/2/27 |
| 9% | 集中市場現股當沖占比 | 21% |
| 16% | 櫃買市場現股當沖占比 | 30% |
| 104 億元 | 現股當沖日均成交量 | 355 億元 |
| 0.31 億元 | 當沖日均證交稅稅收 | 0.54 億元 |
| 10% | 當沖交易比重 | 23% |

資料來源：金管會

# 03 如何開立當沖交易戶

　　2019 年股市當沖大都是現股當沖，現股當沖由來是因為政府為刺激股市成交量，於 2014 年初開放現股當沖——先買後賣的措施。實施半年後經由統計顯示，成功帶動了台股量能，因此該年年中又開放了先賣後買的現股當沖交易方式，形成了台股可雙向現股當沖的新紀元。過去當沖需要開融資、融券戶才能當天沖銷，而融資、融券戶又需要提供一定的財力證明才可以開的成，因此年輕新手投資人或是財力不足的投資者較無法享受當沖的便利性及規避突發的風險。如果沒開信用交易帳戶而想做當沖交易時，必須本身具備符合開信用交易的資格而且還要簽一張現沖契約才行，但券商為了風險考量通常還是會要求客戶有開信用戶才能下單。

## 1. 投資人如何申請現股當沖：

① 請到券商簽署現股當沖風險預告書。

　　簽署資格：1 年內交易成交 10 筆以上（集中、櫃台、興櫃）

② 開戶滿 3 個月

③ 有信用戶資格即可直接簽署，或拿其它券商信用戶資料也可直接簽署。

④ 委託時，普通買進成交後可直接下普通賣出不計庫存。部分股票由於特殊因素，想先賣出後買進時須確定有券才能操作，但這種例子較少。

⑤ 沖抵規則：可以先買後賣成交時間規則沖抵。或者先賣後買雙向交易均可。

⑥ 上月虧損達客戶投資額度 50%，即暫停該客戶現股沖銷資格。

## 2. 現股當沖交易時間：

　　現股當日沖銷以普通交易時間（上午 9 時至下午 1 時 30 分）進行買賣，或於普通交易收盤前買賣與盤後定價交易間進行反向沖銷皆可；所以若來不及於收盤前沖銷，還可於 2 時 30 分前盤後交易時間進行。

| 現股當沖規定 VS 現行信用交易制度 | | |
|---|---|---|
| | 現股當沖 | 信用交易 |
| 適格標準 | 開戶帳戶滿 3 個月，最近 1 年委託買賣比數達 10 筆。 | 相同 |
| 保證金 | 是受委託買賣額度多寡，分 3 級收取一筆定額保證金。例如受委託買賣額度在 500 萬元以下收 3 萬。 | 信用交易需融資、融券額度；融資額度 4 成為自備款，即視同保證金。 |
| 實施時間 | 2014 年 1 月 | 1994 年 1 月 |

資料來源：金管會

# 04 信用交易資格

　　以往買賣股票的規定是，如果用現股買，一定要第二天才能賣出，而且用現股的無法先賣出再買進做為沖銷（現在的現股當沖看似可以，但也是建立在融資融券的基礎上）。因此要進行當日沖銷為了風險考量，券商通常要求交易者須申請信用交易資格或是具有這樣的資格才能開放當沖交易；而信用交易資格有一定的條件與門檻，並不是每個人都能隨意申請。

　　至於投資人欲從事信用交易（融資融券）交易，應如何辦理？

　　首先，要先和證券商簽訂融資融券契約並開立信用帳戶後，才能向證券商辦理融資融券的股票買賣。開立信用帳戶後，每年需辦理一次信用交易續約；但三年以上未信用交易者，將會通知並註銷所開立之信用帳戶。

開戶資格：

1、須年滿 20 歲有行為能力之中華民國國民、或依中華民國法律組職登記之法人。

2、開立受託買賣帳戶滿「三個月」。

3、最近「一年內」委託買賣之交筆數達「十筆」以上，累積成交金額達可申請之融資額度 50%。

4、財力證明達可申請之融資額度 30%。

融資比率及融券保證金成數：

上市：融資比率 60%，融券保證金成數 90%。

上櫃：融資比率 50%，融券保證金成數 100%。

因各別證券風險程度不同，授信機構會視風險程度的大小而調整融資比率，在投資人在下單買進前，應先確定可融資的比率，以免在成交後，所需自備款超過自有資金。

## ═ 信用交易的信用級數及信用額度 ═

| 信用級數 | 信用額度 | 所需之交易記錄 | 所需之財力證明 |
|---|---|---|---|
| B 級 | 50 萬 | 25 萬 | 免 |
| A 級 | 100 萬 | 50 萬 | 30 萬 |
| 第 1 級 | 250 萬 | 125 萬 | 75 萬 |
| 第 2 級 | 500 萬 | 250 萬 | 150 萬 |
| 第 3 級 | 1000 萬 | 500 萬 | 300 萬 |
| 第 4 級 | 1500 萬 | 750 萬 | 450 萬 |
| 第 5 級 | 2000 萬 | 1000 萬 | 600 萬 |
| 第 6 級 | 2500 萬 | 1250 萬 | 750 萬 |
| 第 7 級 | 3000 萬 | 1500 萬 | 900 萬 |
| 第 8 級 | 3500 萬 | 1750 萬 | 1050 萬 |
| 第 9 級 | 4000 萬 | 2000 萬 | 1200 萬 |
| 第 10 級 | 4500 萬 | 2250 萬 | 1350 萬 |
| 第 11 級 | 5000 萬 | 2500 萬 | 1500 萬 |
| 第 12 級 | 5500 萬 | 2750 萬 | 1650 萬 |
| 第 13 級 | 6000 萬 | 3000 萬 | 2000 萬 |

資料來源：奇摩知識

# 05 現股當沖與用融資融券交易有何差別

現股當沖與利用信用交易戶進行「資買券賣」或「券賣資買」當沖是不同架構的事情。信用交易是一門「券商借你錢買股」，幫你把槓桿擴大的生意，而且有人融資買的股票，才有對應的券，可以拿出來讓人融券。其次可進行現股當沖的標的，不一定可做信用交易也不一定有券可空，所以雖然從結果來看，一樣是在做當沖，但因可現股當沖標的比信用交易多，而且信用交易，通常要多收一筆手續費所以如果要節省成本增加獲利，那麼用現股交易是比融資融券戶來的好。（融券賣出券商會多收一筆借券費，為成交金額的萬分之八。你如果使用現股當沖就會少了一筆交易費用，所以現股當沖不是多了哪些費用，而是少了一筆費用）。

做任何的投資或是交易，最重要的考量重點是成本，唯有越低的成本才能有更高的獲利。台股的當沖投資客中，也有產生一年股票獲利幾百萬但手續費退傭高達數千萬元的人，但我想大部分的投資者都不是為了退傭去交易的吧，因此，在選擇當沖交易前，成本越低才是王道，所以當沖交易這點勝過信用交易。

信用交易在停資停券期間無法當沖，且有資券額度上限，但當沖交易在開股東會、強制除權息時也能當沖，交易便捷上也勝過信用交易許多。

不過信用交易的融資、融券餘額表，記載了各個股票的融資、融券使用情形，包括增減張數及餘額張數等，從表中的融資、融券餘額數位，進而判斷出散戶進出的動態，也可以看出你手上的個股在股市中是否受到重視。

## ═ 新制現股當沖和融資券比較 ═

融資券的信用交易起始：1994 年 1 月

適用條件：開戶滿 3 個月，最近 1 年委託買賣成交達 10 筆

開戶程序：提供財力證明等文件，向券商申請開立信用交易戶

交易方式：先買後賣、先賣後買

交易額度：受託買賣額度不等於當沖額度

參與對象：一般投資人，未開放法人

標的範圍：所有可融資融券的股票

交易限制：停資停券期間無法當沖，且有資券額度上限

交易成本：手續費、證交稅、融資利息、借券費


現股當沖起始：2014 年 1 月 6 號

適用條件：開戶滿 3 個月，最近 1 年委託買賣成交達 10 筆

開戶程序：簽署「概括授權同意書」與「風險預告書」即可

交易方式：先買後賣、先賣後買

交易額度：受託買賣額度等於當沖額度

參與對象：法人及一般投資人

標的範圍：幾乎涵蓋所有股票

交易限制：開股東會、強制除權息時也能當沖

交易成本：手續費、證交稅

# 06 現股當沖的成本分析

利用現股當沖買賣股票，券商各抽手續費一次。賣出股票，證交稅抽一次。券商手續費牌價是千分之 1.425，證交稅是千分之 3。買賣一次，成本是千分之 5.85。一般人網路下單打五折，交易量大的人可以打三折或以下，姑且以五折論好了，扣除券商的折扣和政府的證交稅減半，成本會是多少呢？

先假設投資人買股不賺不賠，當沖一次的成本是：千分之 1.425（手續費）×0.5（打 5 折）×2（一買一賣）+ 千分之 3 ×0.5（當沖降稅減半）= 千分之 2.925。

依據台灣股市股票股價跳動規則，是依照股價做分類。假設投資人買的是市價 100 元的股票，每 0.5 元跳動一格。若 100 元買進現股一張，100.5 元賣出，檯面上賺 500 元（0.5×1000）。

成本則為 （100+100.5）／ 2 ×0.0001425×0.5×2+100.5×0.00015=142.8+150.75=293.55

也就是說，買一張 100 元的股票，成本 10 萬，100.5 賣出的時候，帳面獲利 500 元，實際進口袋是只有 206.45 元。也就是說每次當沖交易獲利要付 58.7% 給券商和政府，自己只賺 41.3%。這樣看起來好像做得越多券商跟政府賺越多，如果做錯虧損呢？那成本該付出多少？

若你 100 元買進現股一張，99.5 元賣出，檯面上虧 500 元（0.5*1000）。成本則為（100+99.5）／ 2×0.0001425×0.5×2+99.5×0.00015=142.1+149.25=291.35

含成本的總虧損金額為 500+291.35=791.35。

如果當天當沖交易兩次剛好一次賺 0.5 元一次虧 0.5 元帳面上剛好不

賺不虧，那麼單是手續費支出就高達：291.35+293.55=584.9 元

如果一個月下來都是不賺不虧，那麼單是手續費支出就高達

584.9×22=12867.8 元

這也是為甚麼很多當沖客會虧錢，而讓當沖被稱為投機極高風險超大的操作交易模式。

## ═ 信用交易的信用級數及信用額度 ═

| | 當沖買進 | 當沖賣出 | 總成本 |
|---|---|---|---|
| 手續費 | 0.07125% | 0.07125% | 0.1425% |
| 交易稅 | 0 | 0.15% | 0.15% |
| 合計 | 0.07125% | 0.22125% | 0.2925% |

資料來源：作者整理

## 當沖交易盡量選取跳動一檔就能獲利股票交易，例如 10-15 元或 100-150 元的標的

| 股價（元） | 損益兩平價（元） | 交易成本（元） | 最小跳動點（元） | 獲利檔次（TICK） |
|---|---|---|---|---|
| 5 | 5.02 | 0.01605 | 0.01 | 2 |
| 10 | 10.04 | 0.03210 | 0.05 | 1 |
| 15 | 15.05 | 0.04815 | 0.05 | 1 |
| 20 | 20.07 | 0.06420 | 0.05 | 2 |
| 25 | 25.09 | 0.08025 | 0.05 | 2 |
| 30 | 30.10 | 0.09630 | 0.05 | 2 |
| 40 | 40.13 | 0.12840 | 0.05 | 3 |
| 45 | 45.15 | 0.14445 | 0.05 | 3 |
| 50 | 50.17 | 0.16050 | 0.10 | 2 |
| 60 | 60.20 | 0.19260 | 0.10 | 2 |
| 70 | 70.23 | 0.22470 | 0.10 | 3 |
| 80 | 80.26 | 0.25680 | 0.10 | 3 |
| 90 | 90.29 | 0.28890 | 0.10 | 3 |
| 100 | 100.33 | 0.32100 | 0.50 | 1 |
| 150 | 150.49 | 0.48150 | 0.50 | 1 |
| 200 | 200.65 | 0.64200 | 0.50 | 2 |
| 300 | 300.97 | 0.96300 | 0.50 | 2 |
| 400 | 401.29 | 1.28400 | 0.50 | 3 |
| 500 | 501.61 | 1.60500 | 1.00 | 2 |
| 1000 | 1003.21 | 3.21000 | 5.00 | 1 |
| 2000 | 2006.42 | 6.42000 | 5.00 | 2 |
| 3000 | 3009.63 | 9.63000 | 5.00 | 2 |

資料來源:smart 雜誌

# 07 近乎無本的生意！

　　當沖不用實際負擔股票的股價本金，只需支付交易的手續費、以及股票經由一買一賣之間的交割淨額（如果賠錢的話才需支付）。舉例來說，若購買一張股價 100 元的股票。相關交易成本約為 435 元（現股當沖的費用與一般現股買賣相同，須買入或賣出時皆須支付 0.1425% 手續費，再加上 0.15% 證交稅，整體交易成本約為 0.435%）。意即投入 435 元就可以投資市價 10 萬的股票，所以實際槓桿是非常大的；沖銷當日假如賺進 5% 價差（約為 5,000 元新臺幣），換算下來的報酬率為 1,149%，是不是非常驚人呢？

## ◆ 持股不過夜，夜夜皆好眠

　　其次，如果你在某月 10 日，當沖買了 1,000 萬元的股票，不小心賠了 10 萬元。那麼你只要在 12 日之前（T + 2），在交割戶存入 10 萬元就好。並不需要真的準備一千萬。

　　除了高槓桿的魅力之外，當沖還能夠避免持股過夜的風險；有時自己的投資相當正確，股票買入後即開始獲利，卻因為收盤後未能預期的突發性利空而導致股市全面性下跌，而蒙受平白的損失。一直以來，令市場最為懼怕的氣氛不是下跌，而是「不確定」，因此很多投資人不喜做長期投資，習慣每日清空部位、避開無法掌握的風險，做每日都可安心睡覺的極短線投資客。雖然獲利不比波段操作，但在股市高檔時，是安全的方法。

## ═ 虧損及獲利時當沖需要準備的現金 ═

### 獲利所需資金

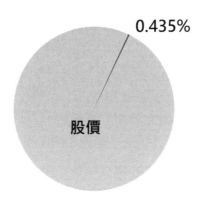

0.435%

股價

### 虧損所需資金

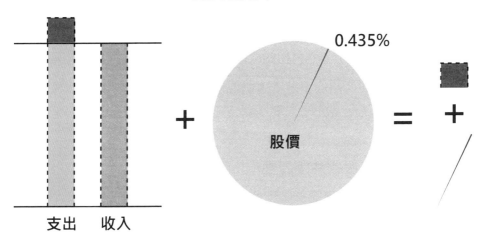

支出　收入

0.435%

股價

# 08 現股買賣、股票期貨 與現股當沖的比較分析

## ◆ 開戶及交易方式

交易現股買賣（去證券商開立證券戶），交易規則是帳戶提前準備足額現金，需付出的成本一樣是手續費和證所稅。

交易股票期貨（去期貨商開立期貨戶），要先存保證金，保證金計算為兩張現貨的 13.5%，需付出的成本是手續費和期交稅。

範例：A 股票現貨價格為 100，股期保證金為 $27000（=100×2000×13.5%）

交易現股當沖（去證券商開立信用戶），遊戲規則是不用準備任何現金（槓桿倍數極大），需付出的成本一樣是手續費和減半的證所稅。

個股期貨以其低價的手續費優勢完勝現股當沖交易，那麼為甚麼玩個股期貨的少玩現股當沖的人較多呢，這主要是從下面幾個原因來探討之。

## ◆ 個股期貨與現股當沖差異性

1、期貨當沖，要先備妥保證金才可以當沖，但現股當沖完全不需事先準備錢，槓桿簡直是無窮大！

2、市場交易量每檔個股期不同，大部分的個股期流動性不佳，價差太大，有時高達 2 至 3 檔以上，要建倉或是出場甚至停損時，風險無法控制。而現股當沖進出場價位及檔次與現股相同，投資者接受度較高。

3、個股期貨的造市商是期貨商，就跟選擇權一樣，要賺造市商的錢除非是趨勢看得準，否則相當不容易，過去也發生過重大交易事件，投

資者期貨與選擇權被多空雙殺，引發不小的糾紛，相對的現股當沖就沒這樣的缺點。

4、現股當沖可以在不小心下錯單也能立即反向結清部位，但萬一買到一檔尾盤殺到跌停板的股票「沖不掉」，最多準備交割款了事！但是如果空了一檔尾盤軋到漲停板的股票，若你沒有在漲停前，趕快買回來，下午就要面臨營業員的索命連環 Call，也可能要賠很多借券費！

## ═ 現股買賣、股票期貨與現股當沖資金需求比較表 ═

| A 股票股價<br>100 元 | 股票現股 | 股票期貨 | 現股當沖 |
|---|---|---|---|
| 投資成本 | 100×2 張 =20 萬 | 20 萬 ×13.5%=2.7 萬 | 無 |
| 手續費 | 0.1425%×2=285<br>（買賣都要付） | 30×2=60<br>（買賣都要付） | 0.1425%×2=285<br>（買賣都要付） |
| 交易稅 | 10 萬 ×0.3%=300<br>（賣出才付） | 20 萬 ×0.002%×2=8<br>（買賣都要付） | 10 萬 ×0.15%=150<br>（賣出才付） |
| 合計成本 | 200,585 | 27,068 | 435 |

## ═ 現股當沖與股票期貨交易成本實際比較 ═
### （相同價位張數比較）

現股當沖

| 股票標的 | 買／賣 | 張數 | 買進 價格 | 買進 手續費 | 賣出 價格 | 賣出 手續費 | 證交稅 | 淨損益 | 總損益 | 累積損益 |
|---|---|---|---|---|---|---|---|---|---|---|
| A | 賣 | 1 | 153.5 | 218 | 153 | 218 | 229 | -500 | -1,165 | |
| B | 買 | 1 | 208 | 296 | 208.5 | 297 | 312 | 500 | -405 | -1,570 |
| C | 賣 | 1 | 124.5 | 177 | 126 | 179 | 189 | 1,500 | 955 | -615 |
| D | 買 | 1 | 110.5 | 157 | 109.5 | 156 | 164 | 1,000 | 523 | -92 |

股票期貨

| 股票標的 | 買／賣 | 張數 | 買進 價格 | 買進 手續費 | 賣出 價格 | 賣出 手續費 | 證交稅 | 淨損益 | 總損益 | 累積損益 |
|---|---|---|---|---|---|---|---|---|---|---|
| A | 賣 | 1 | 153.5 | 30 | 153 | 30 | 6 | -500 | -566 | |
| B | 買 | 1 | 208 | 30 | 208.5 | 30 | 8 | 500 | 432 | -134 |
| C | 賣 | 1 | 124.5 | 30 | 126 | 30 | 5 | 1,500 | 1,435 | 1,301 |
| D | 買 | 1 | 110.5 | 30 | 109.5 | 30 | 4 | 1,000 | 936 | 2,237 |

資料來源：作者整理

# 09 新手當沖客操作前的基本交易心態

　　當沖是製造成交量的大功臣。如果政府沒在稅制中減半讓當沖客成本降低，那麼可想而知台股的成交量將低於千億之下，在沒量就沒價的前提下，不但影響政府稅收也阻礙經濟發展。但是當沖交易是雙面刃，不但有製造成交量的功能外，其高槓桿所帶來的高風險，以及面對行情反方向時，新手當沖客會顯得手足無措不知如何處裡，因此，除了學習交易技巧外，具備良好的交易心態勢必要的。

　　① 多空雙向操作：股市新手開始接觸市場交易時，通常觀念上還是以偏多思維，尤其近幾年存股之風大為流行，如何買進便宜股票長線握有，深深烙印在新手心中。但當沖是屬於極短線進出，行情不見得會先漲後跌，也可能是先跌後漲，所以在交易上多空操作都需要充分應用，尤其作空是股市老手的特殊賺錢方式，學習如何放空股票是當沖新手必須具有的基礎心態。

　　② 一定要設立停損點：9:00-9:30 分這半個小時之內，以及收盤最後的半小時內，往往都是行情波動最劇烈的。當天的最高最低點有可能在這個時段出現，但是臨收盤最後這半小時，如果單子成交也無法沖銷掉，而且容易出現與早盤相逆的走勢，因此不適合做當沖交易。所以一天當中最佳當沖的時機在 9:00-10:30 分之間。如何在這麼短的時間內將當沖完成並且控制好風險，這有賴於在開盤前就將當天進出場及停損停利點設定完畢，然後按照設定好的策略執行，整個過程中最重要的就是設好一個明確的停損點，這樣就可以免於每每在交易過程中被上沖下洗，洗到沒信心。進而因此虧錢的單，抱到小賺就立刻跑，卻又在怨嘆可惜後面一大段的獲利。這也是散戶的共通點，賺錢的單抱不住，賠錢的單

抱超長。一場有效益的交易就該把風險具體化的控制在穩定的小賠、小賺、大賺累積成正經濟效應。但可惜的是，大部分的人都輸給了心理因素，自負的驅使了風險的可能性，形成了長期的小賺、小賠、大賠造就的負經濟效應局面。

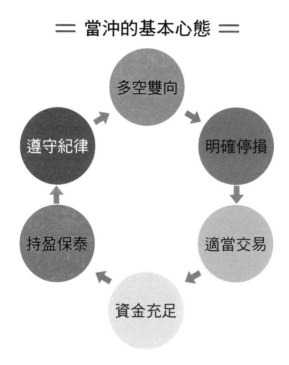

## ═ 當沖的基本心態 ═

資料來源：作者整理

③ 不過度交易： 當日沖銷最重要的是等待最有利的機會再進場，而不是為了交易而交易。市場永遠都在，不用為每天都想賺錢而勉強自己，通常為了風險考量，超過 12 點後如果單子未成交就該取消，而不是硬要想辦法成交。當成交的時間太過接近收盤，不但風險難測，走勢也容易出現反向，停損容易被點到。所以在最佳時段完成交易，當天完成交易後切勿見獵心喜而再次入場，因為一來有時間風險，其次也怕前面賺後面虧，影響到自己的心情及運氣。

④ 資金要充足防止違約交割產生：當沖交易盡可能不在股價接近漲、跌停板價交易，主要是怕反向沖銷不掉時就要轉成現股或是融資券。其次，若遇到忘記進行反向沖銷或是判斷錯誤造成虧損的時候，資金不夠交割就會造成違約，不可不慎。

⑤ 大盤的成交量過度縮小或是當月已經賺超過 5% 以上時，要減少交易次數或是盡可能減少交易金額以持盈保泰，以保持每個月都能獲利的狀態，理財要精打細算，首先就要確保獲利，才不會失去先機。

「遵守紀律」是當沖交易者的護身符，知錯即改，切忌小錯釀大錯；保存實力，才有翻身的機會。控制虧損，才能讓利潤越滾越大。「小不忍，則亂大謀。」這句話在當日沖銷上有很大的成分是錯誤的。以操作日線而言，一筆單子虧損 5% 則下一筆只要賺到 5.26% 就可回本，但是如果虧損 20% 則需要賺到 25% 才能回本，這個難度已經是相當高，所以做錯死扛硬扛只會增加未來回本的難度。但當沖講究的是快穩準，通常當天最大虧損不超過 3%，以 2% 停損停利是常態。因此，做錯要回本也是相當快速，所以只要不是進場的價位太過於追高殺低的話，通常用限價方式賺錢的機率還是很大，只要嚴守紀律、做錯停損。

## 虧損後追平，要花更大的力量

| 虧損比例 | 翻本需要獲利比例 |
|:---:|:---:|
| 5% | 5.26% |
| 10% | 11.11% |
| 20% | 25% |
| 30% | 42.86% |
| 40% | 56.67% |
| 50% | 100% |
| 60% | 150% |
| 70% | 233.33% |
| 80% | 400% |
| 90% | 900% |

Chapter

# 2

## 七個步驟讓你 9:15 分之前完成當沖設定

# 10 挑選上櫃當天成交量最大前 20 支股票

台灣股市有上千支股票，到底哪一支股票是適合隔天當沖交易？掌握住「逆勢」、「突出」兩個特徵，往往能選出讓人獲利的股票。就比方說，當大盤跌的時候，有的股票逆勢上漲，這就是一檔值得關注的股票。

不管投資人怎麼猜，只要走勢與大盤不同，那表示一定有有力的理由在背後支撐，不管是將要大漲或大跌。而這些蛛絲馬跡可以從「成交量」與「分時走勢圖」看出來。要掌握這種逆勢、突出的股票，成交量排行榜是很便利的工具。

我們可以在收盤時，挑選當天成交量最大的 20 支，再由這 20 支股票中挑選 1 到 3 支股作為隔天交易的目標即可。

## ◆ 由成交量最大上櫃股票中，挑選 3 支做為當沖標的

為什麼要挑選 3 支股票呢，主要是怕一支股票成交率較低，3 支股票中一支的可能較高，但切記當天最多成交 1 至 2 支股票就好，3 支股票都成交會照顧不來，或是同時被停損時損失較高。

選出 20 支當天成交量最大的股票之後，要剔除只有當天爆量的股票，也就是入選的股票至少過去 3 天，都有大量。

眼尖的讀者會發現，為甚麼都是上櫃的股票沒有上市的股票呢，一來上櫃股票股本小，交投比較熱絡，主力作手經常介入，有量、有價、有人氣，隔天縮量出不掉，其次上市股票成交量都是權值股，不適合當沖適合中長線或是套利。

# 近日成交量大，是選股第一步驟

按排行觀看當天成交量

找尋上櫃成交量排行

挑選成交量最大之 20 支股票
並找到操作標的

資料來源：PCHOME 股市

# 11 利用 12 日及 58 日均線
判別中期走勢

當投資者由成交量排行榜選出 1-3 隻隔日當沖標的後，要觀看該股中期趨勢到底是往上、往下或是盤整。

如何判斷個股中期趨勢漲跌方向，可以由 12 日均線和 58 日均線的交叉走向來判斷。如果 12 日均線往上突破 58 日均線，形成金叉走勢，而股價又站上 12 日均線之上走高，這是標準多頭格局，操作上宜設定偏多策略；如果 12 日均線跌破 58 日均線，形成死叉走勢，而股價又跌落在 12 日均線之下走低，這是標準空頭格局，操作上宜設定偏空策略。

而不論金叉或死叉，如果價格落在兩條均線之中，基本上就是盤整走勢。

① 做多：12 日線由下往上穿越 58 日線，而股價超過 12 日均線
② 做空：12 日線由上往下穿越 58 日線，而股價低於 12 日均線

## ═ 做多的線形 ═

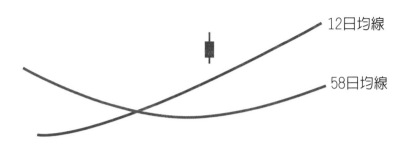

12日均線

58日均線

## ═ 放空的線形 ═

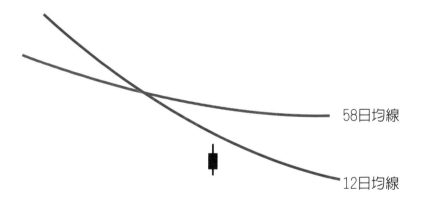

58日均線

12日均線

# 12 利用特殊 k 線形態判別 短期走勢

利用均線判斷投資標的中期走勢之後，再觀察代表短期走勢的 K 線形態。可以有以下六種組合，結合中短期走勢，以進行做多或做空的依據。

- 均線走高、K 線多頭組合：做多 · 均線走高、K 線空頭組合：不操作

- 均線盤整、K 線多頭組合：做多 · 均線盤整、K 線空頭組合：做空

- 均線走低、K 線多頭組合：不操作 · 均線走低、K 線空頭組合：做空

多頭 k 線組合

① 一柱擎天：

下跌趨勢中，出現一支低開高走的大長紅棒，代表行情即將反轉！

② 一星配二陽：

在兩根 K 線的中間夾雜一根十字線或電阻線 K 線，形成一星配二陽組合！

③ 底分型 k 線形態：

左黑右紅，中間出現一根低點是
3 根 K 線最低，高點也是 3 根 K
線最低且帶下影線組合。

空頭 k 線組合

① 雙塔遮天：

高檔最高價相同或右邊最高價略
低左邊。

② 烏雲遮日：

上漲過程中出現開高收低，且收
在前一根紅 K 線 1/2 位置或之
下。

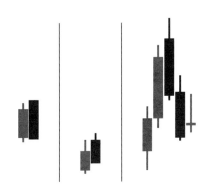

③ 頂分型 k 線形態：

中間 K 線的最高價及最低價均較
左右兩邊 K 線最高價及最低價來
的高，而右邊 K 線最低價較左邊
K 線最低價來的更低。

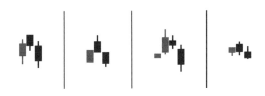

# 13 K線形態入門

　　K線又稱為陰陽線、酒井線或者是蠟燭線，開始時是流行於日本，應用在米價價位圖形的繪製畫法。它在繪製的方式上，標出了行情的開高低收的價位外，甚至於應用陰陽明暗與顏色區分於圖形上，以明顯地表達出行情的上漲或下跌，因此被稱之為陰陽線。樣子像是一根一根蠟燭所組合起來的線圖，所以又被稱之為蠟燭線。

　　K線具有直觀、立體感強、攜帶信息量大特點，蘊涵著豐富的東方哲學思想，能充分顯示股價趨勢的強弱，買賣雙方力量平衡的變化，預測未來走向較為準確，因此深受亞洲投資人的喜愛。K線可以反應出當日交易的多空雙方的決戰過程，將多空力道增減或互換的過程，利用圖形化的技巧表現出來。所以，即使是單一K線的本身，亦具有表徵多空的能力。

　　由於K線圖上，有了顏色管理的理念，因此K線圖更容易看出行情的漲與跌來。甚至於可以針對K線圖上實體部份的大小變化，來研判當日行情的氣勢與強弱度。

　　除了單一K線本身具有多空意之外，由兩個或兩個以上的K線，亦可以組合成不同的K線形態，而K線形態對於盤勢的預測能力，比單一K線更為準確而且有用。當沖交易者對於k線的研判，將從日k線的組合形態判斷出當天操作方向，也可從分鐘的k線的形態及走勢當作當沖的進出依據。

## K 線用以表達股價趨勢的強度

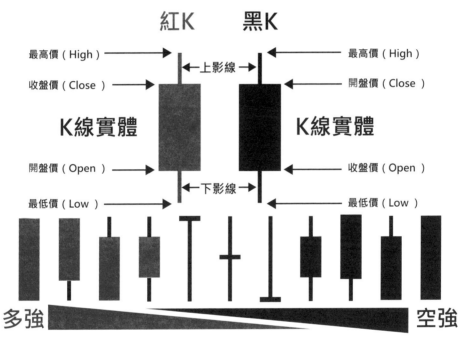

紅K　　　黑K

最高價（High）　→　　　←　最高價（High）

←　上影線　→

收盤價（Close）　→　　　←　開盤價（Close ）

K線實體　　　　　　K線實體

開盤價（Open）　→　　　←　收盤價（Open ）

←　下影線　→

最低價（Low ）　→　　　←　最低價（Low ）

多強　　　　　　　　　　　　空強

資料來源：游順發繪製

# 14 頂部及底部形態進階說明

　　K線中反轉形態分兩種，一種是頂部形態，有人稱為頂分型；一種是底部形態稱為底分型。底分型常見的是由3根K線組成。中間的K線的最低價是3根線裡面最低的，最高價是3根裡面最低的。出現這種分型走勢表示有反彈趨勢或者反轉走勢。頂和底是相對的，頂分型表示的就與底分型完全相反。中間K線的最高價和最低價都是3根中最高的價格。在市場意義中一般表示回落或者反轉走勢。我們看下圖所示：

　　根據頂底兩種分型，還可以細分出強弱走勢，因此投資者不管在哪種時間級別中，立刻可以辨別出上漲或是下跌的走勢可以走多久，尤其對當沖交易者而言，當分鐘線出現頂底分型的形態時，正是短線進場的好時機，這時可從3根k線所形成的排列組合來判斷未來的走勢。

## 最能代表股市反轉的形態

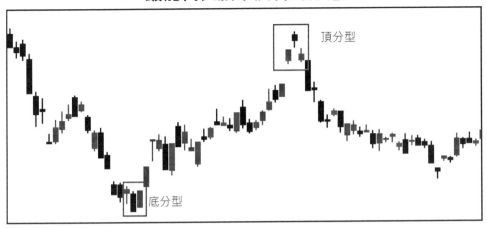

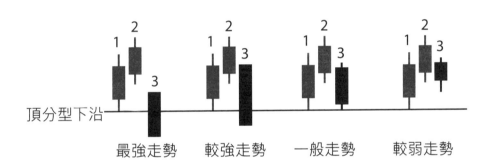

| 最強走勢 | 較強走勢 | 一般走勢 | 較弱走勢 |

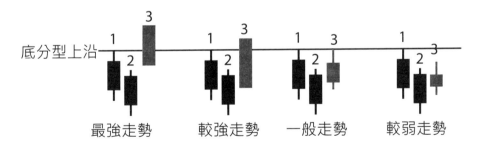

| 最強走勢 | 較強走勢 | 一般走勢 | 較弱走勢 |

資料來源：作者整理

# 15 多空形態的判斷進階說明：筆

連接兩個相鄰的頂底，稱為之一筆。而筆的結合有有助於多空的判斷。

當我們在分鐘或是日周線上將股價的形態用一筆一筆的畫出來時，可以得到多頭走勢4種形態及空頭走勢4種形態，以下舉多頭走勢4種形態來解說，而空頭走勢只是多頭走勢的反向解釋。

①強勢突破：當高點不斷升高低點也跟隨升高時，突然出現一根陽線突破近期的壓力頂點時，這時將有一波較強的上漲走勢，此時不論是當沖還是短線都該勇於買進做多。

②收斂突破：低點升高但高點降低，多空爭鬥時，突然有利好消息推升股價過高，最終以帶量突破壓力線方式，走出新的一波多頭走勢。

③大陽線突破：一根長陽線突破近期3個高點，形成多頭追價的走勢，這時應該是立刻入市買進做多，這個多頭走勢或許會延續較長的時間。

④回檔突破：當股價遇壓時，拉回沒有跌破支撐反而再度往上攻堅，再突破前波高點後可進場買進，拉回整理後再漲，後市看好，唯應注重股價的相對位置。

或許讀者會問，整個行情從形成到突破壓力需要相當多的時間來建構，但如果是做當沖交易時，將時間設定在5分鐘級別時，或許這樣一筆一筆畫出來的趨勢將會很快速的形成，每天都可在行情上賺錢。

## ═ 相鄰「頂」「底」的連線稱之為筆 ═

## ═ 筆的組合與股價趨勢 ═

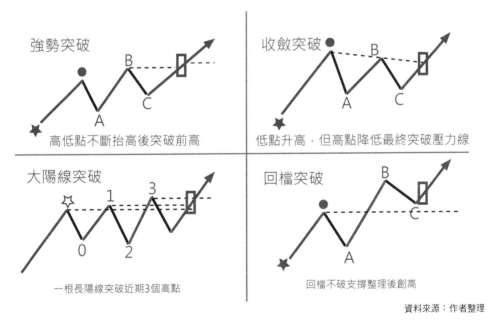

資料來源：作者整理

# 16 券商買賣家數分析

在考量均線及 K 線後，要再進行券商買賣家數分析。包括衡量股票是流向大戶或是散戶手中，以及進行交易的家數是否成長。才能準確的決定那支股票做多或放空。也就是如果均線及 K 線皆呈現多方態勢，而券商買賣家數，也賣方居多，同時交易家數成長，那麼這支股票就可以做多，相反（均線及 K 線皆呈現空方態勢，而券商買賣家數，也買方居多，交易家數減少）則放空。如果券商買賣家數呈現的多空態勢與前兩個指標不同，則不妨放棄這支股票。

## ◆ 大戶的進出是觀察的重點

所謂券商買賣家數差，是指買超及賣超某支股票的家數。如果買超的券商是 90 家，賣超是 10 家，態勢宜空。如果買超是 10 家，賣超為 90 家，態勢宜多。為什麼？同前例，如果要當沖的個股成交 6,000 張，那麼 6,000 張由 90 家券商買進平均每家買進 66 張，而賣出的券商平均每家賣出 600 張。代表賣出的集中而買進分散，是大戶向散戶倒貨。相反的，如果券商買超 10 家賣出 90 家，成交量還是 6,000 張，代表買進集中而賣出分散，是大戶向散戶進貨。

有交易的券商家數暴增，也代表這支股票將有機會出現上漲或下跌的可能，當一支股票被大家關注時，有交易的券商家數暴增，接下來公司可能是新公布的財報漂亮、可能是市場派默默吃貨接近尾聲而讓散戶跟進，不論原因是什麼，券商交易家數暴增的股票會變得比較有活力，股價就比較容易有所變動！當交易券商家數暴增而股價上漲時，當天當沖交易宜布局多單買進。如果減少，宜空單布局。

## 利用券商買賣家數分析，做多空決策
## 最後確認，只要指標不一致就放棄

| 均線 | K 線 | 券商買賣家數差 | 券商交易家數 | |
|------|------|----------------|--------------|------|
| ↑ | ↑ | ↑（成交流向大戶） | ↑ | 做多 |
| ↓ | ↓ | ↓（成交流向散戶） | ↓ | 做空 |
| ↑ | ↑ | ↓（成交流向散戶） | ↑ | 放棄 |
| ↓ | ↓ | ↑（成交流向大戶） | ↓ | 放棄 |

資料來源：作者整理

## 買賣券商家數差可以由看盤軟體獲得

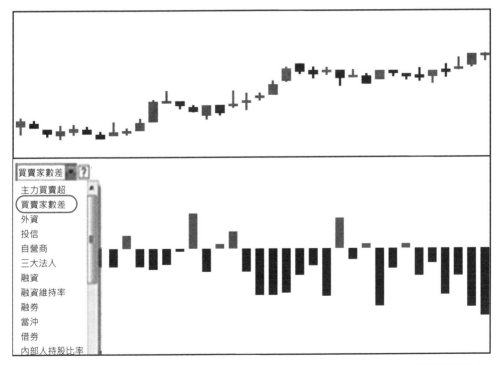

資料來源：CMoney

# 17 用作者獨創的趨勢預測系統設定進場、停利、停損

有決定要做多或是做空之後，要如何設定隔天進場及停利停損價位？作者研發的趨勢預測系統用當日的收盤價配合以下公式計算的強勢價、中間價、弱勢價就可以確定。

中間價：（今日最高價＋今日最低價）÷2

強勢價：今日最低價＋（今日最高價－今日最低價）×1.382（若中間價小於收盤價則乘1.618）。

弱勢價：今日最高價－（今日最高價－今日最低價）×1.618（或中間價小於收盤價則乘1.382）。

在做多的情況下，看收盤價與中間價、強勢價、弱勢價的關係，決定進場、停利及停損價的價格。做空亦然。

如，做多，收盤價在弱勢價與中間價之間。就用中間價進場點，強勢價為停利點，弱勢價為停損點。

如，做空，收盤價在弱勢價與中間價之間。就用中間價為進場點，強勢價為停損，弱勢價為停利。

當沖交易者可以依照計算出來的數字在開盤前預掛，並設好停損停利點。

強勢、中間、弱勢與收盤價的關係，也可以判斷明日股價的走向。如果收盤在中間價之上，代表行情偏多，那麼隔天仍有高點可期。如果收盤在中間價之下，那麼行情是偏弱，隔天仍有往下的可能，如果收盤就是中間價或是上下不超過0.3%，那麼行情將持續維持在區間震盪。而作中長線的投資者，可以參考周、月線的趨勢預測判斷行情未來走向。

# 趨勢預測系統操作示意圖

做多 　　　　 強勢價 　　　　 放空

A ---------------------------------- A

強勢價

股價落在中間價與強勢價之間，以中間價為進場點，強勢價停為利點，弱勢價為停損點。

中間價

股價落在中間價與強勢價之間，以接近強勢價為放空點，中間價為停利點，突破強勢價2-3%為停損點。

B ---------------------------------- B

股價落在中間價與弱勢價之間，以弱勢價為買進點，中間價為停利點，跌破弱勢價2-3%為停損點。

弱勢價

股價落在中間價與弱勢價之間，以中間價為放空點，弱勢價為停利點，強勢價為停損點。

# 18 如何利用趨勢預測系統判斷明日股價變動區間

利用昨天收盤資訊計算出來的弱勢價、中間價、強勢價，搭配今日的收盤價除非市場有重大的變化，可以用來預測明日的價格走勢。

如

2019/2/19 日加權指數收盤後計算出的強勢價、中間價、弱勢價分為：

強勢價 10,182，中間價 10,158，弱勢價 10,131。

2019/2/20 日加權指數收盤於 10,272。

高於 2/19 日計算的強勢價。於是我們可以推估 2/21 日，有續高的機會，且有機會超過用 2/20 日收盤數據計算出來的強勢價 10,328（中間價 10,226 及弱勢價 10,146），因此操作上宜偏多操作。

完整的推估方法如后：

① 當天收盤收在明日推估的強勢價之上：

隔天操作以中間價以上為買進參考價，此時暫不預設高點，但考慮實際波幅及漲跌停板限制，弱勢價不會出現。

② 當天收盤收在明日推估的強勢價與中間價區間：

隔天行情將可望在強勢價與中間價之間波動，弱勢價出現機率小。

③ 收盤收在明日推估的中間價與弱勢價區間：

隔天行情以弱勢價與中間價之間波動，強勢價出現機率小。

④ 收盤在明日推估的弱勢價下：

隔天行情以中間價上下當成作空參考價，此時暫不預設低點，但考慮實際波幅及漲跌停板限制，強勢價不會出現。

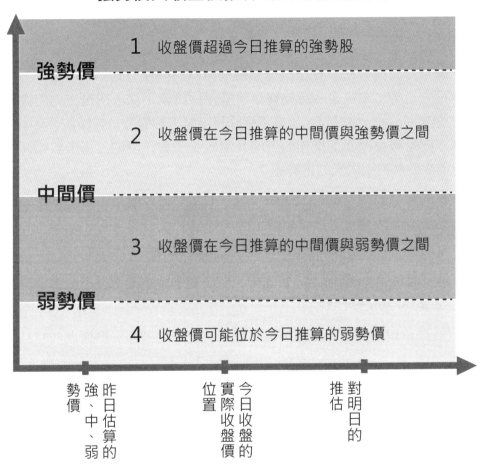

## 如何以今日的弱勢價、中間價、強勢價與收盤價推算明日的價格區間

強勢價
1 收盤價超過今日推算的強勢股
2 收盤價在今日推算的中間價與強勢價之間
中間價
3 收盤價在今日推算的中間價與弱勢價之間
弱勢價
4 收盤價可能位於今日推算的弱勢價

昨日估算的強、中、弱勢價

今日實際收盤價的位置

對明日的推估

# 19 用趨勢預測系統決定做多或放空

趨勢預測操作法其實是一種強弱勢指標的操作方式，原理是一種利用昨日的走勢，來決定今日的操作。基本假設就是法人或是主力的操作是有連續性，而一般投資人也會受到昨日走勢來影響今日的操作。因此，在原本的走勢沒改變前操作的方向及邏輯是不會改變的，那麼該如何由今日的收盤來判別隔天的走勢呢？

結合昨日的強勢價、中間價、弱勢價及今日收盤價，也可以做為明日做多做空的依據，可以與步驟二的均線及 K 線合併考量。如果方向一致，可以增加成功的機率，如果方向不一致，放棄下單也無妨。

① 收盤在中間價以上，屬強勢，做多為宜，中間價以下視為弱勢，以做空為主。

② 未出現變盤前，操作策略不變。也就未突破強弱勢價之前交易不變。

③ 箱型操作為主，強中弱勢價互為支撐與壓力，過為支撐，破則變為壓力。

④ 強，中，弱勢之間來回：接近強勢價做賣，中間價可賣或買，接近弱勢價做買（逆勢操作），適合盤整或是區間震盪時操作。

⑤ 突破強勢價，漲勢形成而追多。跌破弱勢價時，跌勢確認而追空（順勢操作），適合趨勢反轉或是走勢明顯時操作。

## ═ 收盤在中間價以上，可以做多，以下可以放空 ═

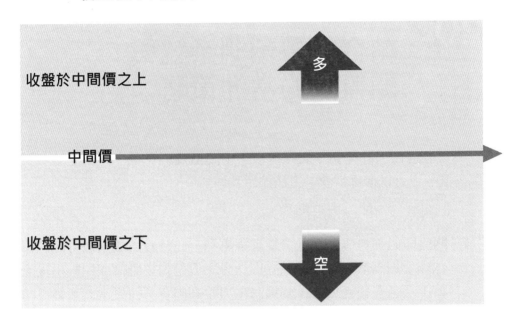

## ═ 以強勢價及弱勢價為進出場點 ═

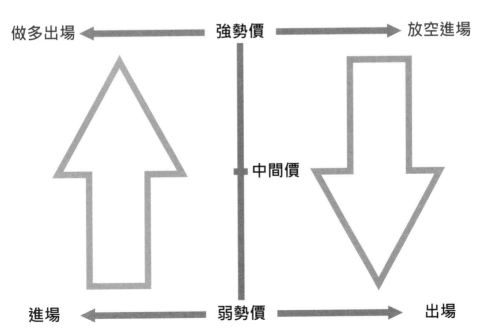

# 20 結合趨勢預測系統與 開盤價的當沖策略

今日收盤後，計算明日的強勢價、中間價及弱勢價，再搭配第二天的開盤價，也可以進行當沖。方法如后：

（一）：開盤行情即過強勢價時：

① 開盤即過強勢價：這行情屬超強趨勢，此時股價或指數可能已超越昨天最高價，當沖可以立即作多。但是如果股價或指數出現連續上漲且漲幅過大時，要提防主力拉高出貨，如果當天漲幅已超過 7% 時，不妨等拉回尋支撐時再順勢買進。

② 若盤中跌到中間價止跌，則中間價可以考慮成為第二買點，但此時宜謹慎。觀察大盤及成交量變化，還有近期強勢股的走勢狀況。

③ 盤中若跌破中間價，這時該仔細推敲是拉高出貨誘多，還是洗盤後在上，此時應採觀望或是做好短線停損準備。

（二）：開盤價在強勢價與前一交易日高點之間時：

① 開盤開在強勢價與昨天最高價之間，這也是屬強勢開盤，如果僅開盤突破昨天新高，但是未突破當天預測強勢價時，操作上雖以短多單為主，但如果沒量或是成交量過度放大時，可以小試短空。

② 若過強勢價時可追多，停損設在強勢價或昨天最高之價之下 2 至 3% 之間。

③ 若盤中跌破昨天最高價多單宜保守，可待價位跌到中間價再次買進，設停損於中間價之下 2 至 3% 之間。

④ 盤中跌破中間價，則有變盤的可能，此時宜觀望。

（三）：開盤開在最高價和中間價之中：盤堅格局，可多空雙向操作或略為偏多。

（四）：開盤開在最低價與中間價之間：盤軟格局，可多空雙向操作但略為偏空。

（五）：開盤開在最低價與弱勢價之間：屬於弱勢格局，操作上以空單為主，但短線如出現跌幅過大，則可以在近弱勢價時短多，停損設於弱勢價之下 2 至 3% 之間。

（六）：開盤開在弱勢價之下，屬於極弱勢開盤可全力做空。

## ═ 開盤價與趨勢預測系統結合之當沖交易策略 ═

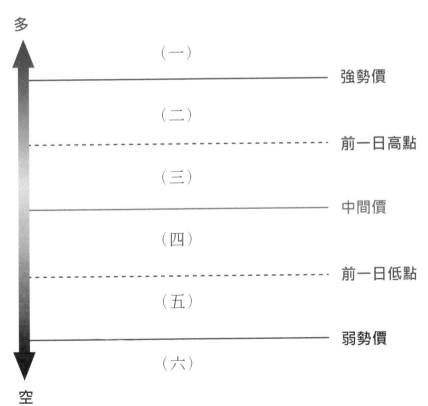

多

（一）

━━━━━━━ 強勢價

（二）

- - - - - - - 前一日高點

（三）

━━━━━━━ 中間價

（四）

- - - - - - - 前一日低點

（五）

━━━━━━━ 弱勢價

（六）

空

# 21 趨勢預測法盤中當沖操作的運用

當沖交易的黃金交易時間大部分分布在開盤至 10:30 之前，如果在開盤半小時之內當沖沒成交時，這時要關注盤中是否有機會再搶一波，此時要注意的是趨勢預測盤中的買賣點訊號出現，買賣點的訊號分別是：

（一）買點：

① 盤中攻過強勢價回檔至強勢價時沒被跌破。伴隨成交量放大買盤不斷湧入 。

② 股價在強勢價到中間價之間出現來回波動。在盤中回檔至中間價止跌時，或攻破強勢價拉回不破時，皆可入場買進。此時的大盤或是相關族群應該是強烈上漲走多格局，雖然該股的股價漲幅不小，但當天收高或隔天繼續上漲的機率還是很大，所以還是可以勇於買進，待股價漲到高點時再予以賣出。

③ 中間價到弱勢價之間來回波動。盤中回檔至弱勢價止跌時可考慮買進。但由於碰觸到弱勢價，因此，搶短買進的風險較大，除非是跑得很短線。

①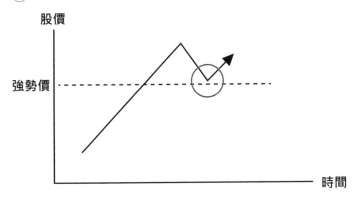

②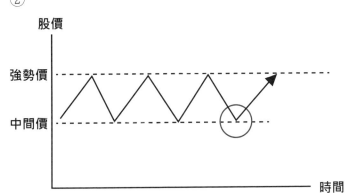

③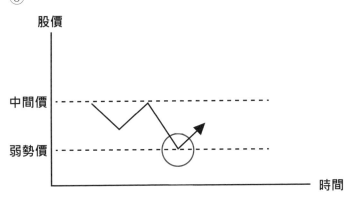

（二）賣點：

① 在強勢價與中間價之間來回震盪，在接近強勢價時出現較大賣壓打壓行情。

② 攻過強勢價後又跌破強勢股價位之下，相同族群或領頭股出現較大幅度回檔。

③ 股價跌破中間價且站不回去或是拉回沒量，行情容易出現下殺一波的走勢。

④ 股價處在中間價與弱勢價之間波動，當股價拉過中間後又跌破在中間價之下，此時可以考慮短線試單小幅賣出，待行情跌落弱勢價之下時，可以加以追加空單。

⑤ 股價跌破弱勢價之後又拉不回去，此時大盤可能出現跌幅不斷擴大，所有的類股均出現下殺，雖然該股的股價跌幅已經很大，但當天收低或隔天繼續下跌的機率大增，所以還是可以勇於放空，待股價跌到低點時再予以回補。

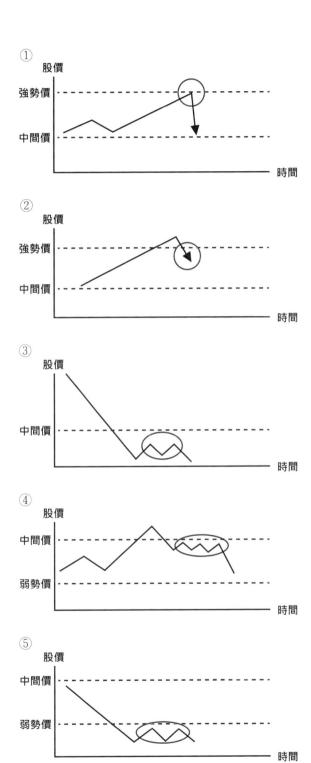

# 趨勢預測法與收盤價、周線判讀技巧

趨勢預測法若用於周線，可以用進行中線行情的判斷：

（一）**收盤價收在周線的強勢價之上**：這代表中線走勢強烈偏多，多單可以留倉較久時間，不用急於當天平倉，或是平倉後仍可逢低布局多單。通常這種情況應該都是有特別重大利多宣布，行情不排除出現噴出走勢，短線急拉見高點。

（二）**收盤價收在周線的強勢價與中間價中間**：屬於偏多格局，短多被套仍有解套的機會，但股價接近周線強勢價時可以短空，接近中間價時可以作短多，高拋低吸來回操作。

（三）**收盤價收在周線的弱勢價與中間價中間**：屬於偏空格局，股價接近周線弱勢價時可以短多，跌破若是價停損。接近中間價時可以作短空，突破強勢價時停損。高拋低吸來回操作。

（四）**收盤價收在周線的弱勢價之下**：中線走勢強烈偏空，投資者可以布局中線空單操作，不必急於當天空單回補，或是平倉後仍可逢高布局空單。通常這種情況應該都是有特別重大利空宣布，行情不排除出現噴出走勢，短線急跌見到低點。

# 收盤價與周線強勢價、中線中間價、周線弱勢價相對位置的代表意義

重大利多中線偏多

周線強勢股 ──────────────────────────▶

**偏多** 股價在強勢價、中間價之間來回移動

周線中間價 ──────────────────────────▶

**偏空** 股價在中間價、弱勢價之間來回移動

周線弱勢價 ──────────────────────────▶

重大利空、中線偏空

# 23 在盤整時利用逆勢操作系統（CDP）設定進場、停利、停損價位

在股價在一個區間盤整時，有關於進場、停利、停損的設定，與趨勢明顯時應有不同的做法。所謂的區闊盤整，可以直觀的觀察近日的股價走勢，也可以簡單的用股價落在 12 日及 58 日均線之間的判斷。

而在盤整時間，可以用就是採逆勢操作系統（CDP）設定進場、停利、停損價位的好時機。逆勢操作系統關鍵值的計算如后：

中價（CDP）＝為最高價、最低價、收盤價的均值

最高值（AH）＝中價與前一天的振幅（最高價減最低價）的和

最低值（AL）＝中價與前一天的振幅的差

近高值（NH）＝兩倍中價與最低價的差

近低值（NL）＝兩倍中價與最高價的差稱。

至於判別方法則要看次日開盤的價位而定。

1. 股價波動不大時，開盤價位於近高值與近低值間，可在近低值價位買進，近高值價位賣出。

2. 開盤價位於最高值或最低值附近，意味著跳空，是大行情發動的開始，可在最高值價位追買，或最低值價位追賣。

## 逆勢操作系統（CDP）關鍵數據計算的方式示意圖

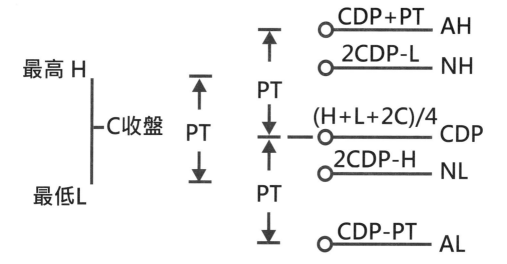

# 24 逆勢操作系統（CDP）進階操作六要點

　　CDP 的意義在於預估次日的點位，是一種假想敵的作戰方式，判斷的關鍵是看股指股價的 CDP5 個數值（AH、NH、CDP、NL、AL）。這樣，投資者參照 CDP 就可以避免在盤局中最高值的價位追買，而在最低值的價位去追賣。

　　（一）CDP 的操作適合短線震盪盤整走勢，採用高拋低吸的方式賺取區間利潤。

　　（二）對於盤中行情突發性的大漲大跌，穿越過最高價或最低價時，需要善設停損。

　　（三）行情突破最高價（AH）時翻多買進，與行情跌破最低價（AL）時反向做空，這是順勢交易，有大行情來臨時會賺錢，但如果量能沒放大，容易虧損，因此還是維持當沖的做法，賺了就跑，賠了就停損。

　　（四）股價上升但近高價 （NH）下降時，形成背離現象，應賣出股票。

　　（五）最低價（AL）在 2 至 3 天內價格持續創新低時，宜賣出股票。股價上漲最高價（AH）逐步上漲，短線以偏多為格局，在近低值（NL）附近為買進時機，在近高值（NH）附近為賣出時機。

　　（六）股價在 CDP 中間價上下震盪時，可採 NH 做空 NL 作多，AH 及 AL 作為股價突破時或跌落時的停損點參考，採高拋低吸策略。

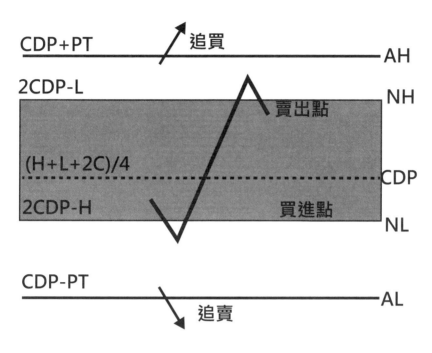

逆勢操作系統（CDP）指標明確，
只是操作者要有紀律，不要貪心

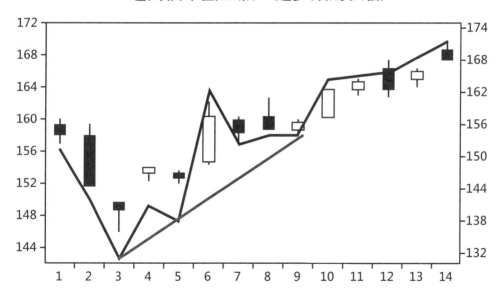

近高價不斷上漲，是多頭的表徵

# 25

## 平均眞實波幅均值（ATR）的計算與資金分配

　　在決定資金在投資標的間的分配，要先了解各標的真實的股價波動。而買進的數量也會跟波動幅度成反比，如此一來才能反應出相同的獲利能力。也就是越是波動大的股票風險越高，投入的資金就不能過度，但是如果波動較小的股票，站在當沖交易的考量，那麼就可加大資金投入。因此所謂的平均真實波幅均值（ATR）就非常重要。

　　即然要計算平均「真實波幅」均值（ATR）首要要找出「真實波幅」。假設我們要找出 10 月 9 日的某支股票的真實波幅，基本上比較以下三組個數據，取其最大者。


　　1. 9 日最高價減最低價 。

　　2. 9 日最高價減 8 日收盤價的絕對值。

　　3. 9 日最低價減 8 日收盤價的絕對值。


　　而結合連續數日（本書中是 22 日）的真實波幅，加以平均就得到了平均真實波幅均值（ATR）。

　　以上 ATR 的計算是以 100 為單位。如果 ATR 在軟體上顯示為 121 時，那麼在計算時應設為 1.21。如果 ATR 在軟體上顯示為 750 時，那麼在計算時應設為 7.50。相對的，如果 ATR 在軟體上顯示為 88 時，那麼在計算時應設為 0.88，以此類推。

## ═「真實波幅」的定義 ═

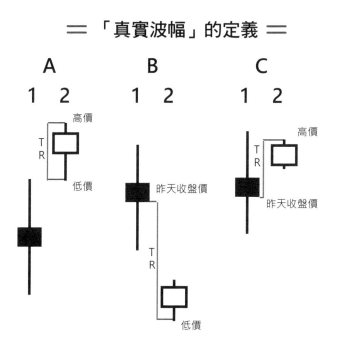

如何利用平均真實波幅均值（ATR）來決定資金分配，假設你有 100 萬的資金要同時買進台積電和中華電股票股票，只要把各股票相關數據套入以下公式：

買入單位 = 帳戶金額百分之一 ÷ATR× 安全係數

安全系數 = 股價百元以上，0.1 至 0.5；股價百元以下，0.5 至 1

基於以上，計算台積電及中華電的購買張數，分別如下：

台積電股價 235 元，22 日 ATR=3.72

買入單位 = 帳戶金額／ 100÷ATR× 安全係數

=10,000÷3.72×0.3

=806 股，約等於可買一張。

投入資金 =235×806=189,410 元

中華電股價 106，22 日 ATR=0.81

買入單位 = 帳戶金額百分之一 ÷ATR× 安全係數

=10,000÷0.81×0.3=3703 股

投入資金 =106×3703=392,518 元

由於每個人對於風險承受度不同，因此可以自行設定安全係數以控制風險，承受度越高設定值越大。以上面兩支股票為例，如果沒有加上安全係數的話，台積電買進 2.6 張總金額接近投資成本的一半，雖說台積電是好股票，但是這不符投資市場的風險分散。對於當沖交易者而言，波動大代表有較佳的獲利空間，通常當沖交易者是不加安全係數而是專注於停損停利的執行，不過對於剛開始操作當沖交易者的新手而言，在風險的控制上要更加要求。因此在下單前分配籌碼時，不妨也加入安全係數，等到很熟悉股價的波動或是當沖技巧時，再把安全係數拿掉便可。

## ═ 安全係數設定的建議 ═

| 安全係數<br>股價 | 0.1-0.3 | 0.3-0.5 | 0.5-0.8 | 0.8-1 |
|---|---|---|---|---|
| 20 元以下 | | | | ⬆ |
| 21-50 元 | | | ⬆ | |
| 51-99 元 | | ⬆ | | |
| 100 元之上 | ⬆ | | | |

# 26 平均眞實波幅均值（ATR）如何停損停利

平均真實波幅均值（ATR）也可以用於停損及停利。

如果承續前章（平均真實波幅均值（ATR）的計算與資金分配）之例。總資金為100萬，在停損方面以平均真實波幅均值（ATR）兩倍為停損點。如果進場時股價為100，而ATR為10，那麼停損點設為80（兩倍停損點）。每加碼一次，之前持有單位停損點提高1/2ATR（以上例而言，為5）。

接續上例，首次停損設在80元，加碼後，停損增加5元（1/2ATR），就設在85元。

簡而言之，所有單位的停損點都設在最新進場點的2ATR處。ATR在每一單位損失達2倍時就停損該單位，當損失2倍時代表帳戶金額損失2%。絕不允許一筆交易損失超過總資金的2%。

## ═ 兩倍 ATR 停利、停損 ═

| | | |
|---|---|---|
| + | ATR | 10 |
| | ATR | 10 |
| − | ATR | 10 |
| | ATR | 10 |

停利價 120

進場價 100

停損價 80

# 27 利用 8:45 至 9:00 間的期貨走勢，確認前晚設定的方法

　　當我們在前一天做好隔天交易策略，但是到了晚上，國際局勢發生大變，那我們是否要維持原有的策略，或是取消交易！不妨觀察期指開盤情況！

　　台指期貨指數較台股提早 15 分鐘開盤，通常期指的開盤是反應前一天美股的收盤狀況，如果美股大漲或大跌則期指也會跟隨著低開或者高開，如果美股變動不大，那麼期指也會按照原本該有的走勢持續走強或是走弱。如果原本計畫當沖是要作多或作空的，遇到美股大跌或大漲期指跳空低開或高開時，這時就需要先行觀望，等待開盤之後再作策略調整，或是當天先不交易，等行情明朗後再說。

　　也可以因應行情適當的調高或調低原本交易標的的股價，通常 8:45 至 9:00 這段時間期指的走勢可以看得出當天市場對昨日美股的看法，如果美股大跌但期指是低開高走，或許當天跌幅可能會收斂。相對的，如果美股大漲但其指示高開低走，那麼多單交易策略可能要作適時修正了。

# 期指表現與操作策略修正

| 原始設定 | 期貨表現 | 操作方式 |
|---|---|---|
| 做多 | 大漲或小漲 | 維時原設定，或提高進場、停利價格 |
| | 大跌 | 取消操作 |
| 做空 | 大漲 | 取消操作 |
| | 大跌或小跌 | 維時原設定，或降低進場、停利價格 |

資料來源：作者整理

# 28

## 5分鐘走勢法——
## 看缺口出現與否

何謂跳空缺口？跳空缺口是指股票的開盤價高於昨天的最高價或低於昨天的最低價，使兩根相鄰的K線間，若出現空白的缺口，代表這個價位沒有人交易，就稱為「跳空」。

我們用簡單的例子來加以說明 跳空缺口，

假設有一檔A股票，昨天最高價100元，今天最低價101元。這表示中間的價位都沒有成交量，因此，這中間的1元空白空間就是跳空缺口。

從技術分析的角度來看，跳空缺口一般是一種比較明顯的趨勢信號。如果股價向上跳空，則表示上漲趨勢可能來臨；若股價出現向下跳空，則可能預示調整或下跌。除股票每年分紅配息、配股導致的對股價重新計算而形成的除權缺口外，我們所遇到的跳空缺口一般可分為四種類型：即普通缺口、突破缺口、持續缺口和衰竭缺口。

當沖交易時由於採用5分鐘或15分鐘k線，因此在交易過程中經常出現跳空缺口，但時常被當天回補，除非是明顯的多頭或空頭走勢產生時，該缺口才不會當天被回補或是很久後才會被補回。

假如一檔股票昨天收在100元，今天高開3%來到103元，此時形成跳空缺口，但是從散戶的角度來看，大部分心態都是短線獲利出場居多，因此從缺口以上每個價位都將形成賣壓，直到股價又回到100元時賣壓才會停止，換個角度來看，跳空缺口並未有成交量支持，所以缺口被回補時也不會有支撐力道，這也是當沖交易中缺口經常被回補的原因。

開盤就出現急拉跳空，代表該股短線漲幅過大或是有利多體材發酵，

但此時空手的散戶會觀望等拉回，主力也會讓價格隨意跳動以求墊高此時進場買進人的持股成本，同時也避免在連續買進後讓散戶有該股漲幅過大的感覺，進而避開急跌的風險產生。但開高之後沒有接手買盤持續推升後，股價自然回落，散戶才會進場買進，但股價如果在高檔位置區域，則要當心主力先壓後拉的操作手法，最後讓當沖客停損出場後才又再度拉高，這也是操作當沖交易時對於跳空缺口被回補時該注意的事項

## ═ 何謂缺口 ═

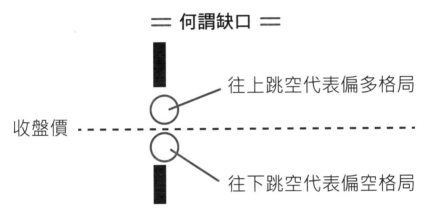

收盤價

往上跳空代表偏多格局

往下跳空代表偏空格局

## ═ 開盤 5 分鐘線出現跳空缺口的操作策略 ═

| 原始設定 | 跳空缺口類形 | 操作方式 |
|---|---|---|
| 做多 | 日線形成普通缺口 | 沒影響可忽略 |
| | 日線形成突破缺口 | 持續偏多或微調追高 |
| | 日線形成逃逸缺口 | 偏多操作但不追高 |
| | 日線形成竭盡缺口 | 放棄做多 |
| 做空 | 日線形成普通缺口 | 沒影響可忽略 |
| | 日線形成突破缺口 | 持續偏空或微調追空 |
| | 日線形成逃逸缺口 | 偏空操作但不追空 |
| | 日線形成竭盡缺口 | 放棄做空 |

資料來源：作者整理

# 29 普通缺口——影響不大可忽略

當日線的 k 線出現普通缺口時，對於當沖交易者而言，這代表的是行情將在區間震盪，也就是小紅小黑 k 線的走勢，如果量能不能放大的話，通常當沖都會打平或小賺小虧出場。因此，投資者在做短線當沖時，如發現一檔股票盤整之後出現跳空缺口，但很快就被補齊後，行情持續盤整時，該缺口很可能是普通缺口，可以先行放棄再尋其他有潛力的股票操作之。

投資者該怎麼分辨何謂普通缺口呢？

## ◆ 普通缺口：通常發生在盤整走勢，行情波動不大，沒有預測趨勢的意義

對於普通缺口而言，經常出現在波動範圍不大的整理形態中，當股價暫時出現跳空缺口後，一般都不會導致股價當時形態和趨勢的明顯改變，短時間內的走勢仍是繼續維持盤整的格局。從過去交易經驗來看，這種缺口在 3 個交易日內都會被回補。這類缺口通常在密集的交易區域中出現，因此許多需要較長時間形成的整理或轉向形態如三角形，圓形底等都可能有這類缺口形成。普通缺口對於實際操作的趨勢預測作用不大，有時因個股盤整時間過久，交易較為清淡而缺乏量能支持時，也會形成小幅度的跳空缺口，由於成交量是當沖交易的首要關鍵，所以當形成普通缺口形態時，當沖交易者應該避開該股，而非進場追漲殺跌。

雖然普通缺口並無釋放特別的交易訊息，而且一般在幾個交易日內便會完全填補，但它能幫助我們了解某種 k 線形態即將形成。普通缺口在整理形態要比在反轉形態時出現的機會大得多，所以當發現發展中的

k線形態有許多缺口時，就知道它是整理形態，但也能由此得知該形態是否接近完成而搶先卡位。

## 1 月 17 日出現向下跳空，而由我 1 日至 16 日的日線可看出其為普通缺口

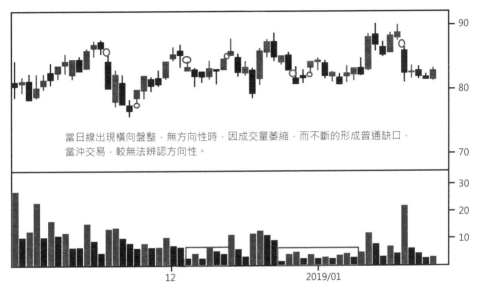

當日線出現橫向盤整，無方向性時，因成交量萎縮，而不斷的形成普通缺口，當沖交易，較無法辨認方向性。

## 普通缺口出現後，股價往往出現盤整

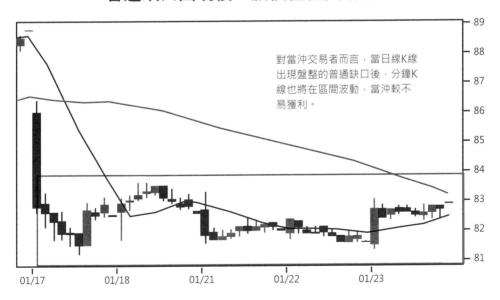

對當沖交易者而言，當日線K線出現盤整的普通缺口後，分鐘K線也將在區間波動，當沖較不易獲利。

# 30 突破缺口——
## 開盤可追漲殺跌

當沖交易主要是採順勢交易才容易賺錢，但是如何辨識個股的趨勢方向呢？突破缺口可以給我們較為明確的走勢指引，因為突破缺口是當一個密集的反轉或整理形態完成後，突破盤局時產生的缺口。當股價以一個很大的缺口跳空遠離形態時，這表示真正的突破已經形成了。因為錯誤的股價趨勢很少會產生缺口，同時缺口能顯示突破的強勁性，突破缺口越大，表示未來的變動強烈。

投資者該怎麼分辨何謂突破缺口呢？

### ◆ 突破缺口：盤整後，帶量向上（下）跳空突破，是為買進（賣出）訊號，同時也形成突破缺口形態

形成突破缺口的原因是，股價的阻力經過時間的多空爭執後，賣出的力量完全被吸收，短暫時間缺乏貨源，買進的投資者被迫要以更高價買股。又或是股價的支撐經過一段時間的供給後，買氣完全被消耗，賣出的須以更低價才能找到買家，因此便形成缺口。

當日線出現突破的跳空缺口之後，當沖交易者宜在隔天順勢地做出買進或賣出動作，以求在交易市場獲取最大的利潤，突破缺口越大代表趨勢走勢越明顯，但如果突破缺口很小或是擔心突破缺口出現後會不會馬上填補？我們可以從成交量的變化中觀察出來。如果在突破缺口出現之前有大量成交，而缺口出現後成交相對減少，那麼迅即填補缺口的機會只有一半可能；但假如缺口形成之後成交大量增加，股價在繼續移動遠離形態時仍保持十分大量的成交，那麼缺口短期填補的可能便會很低了。就算出現短暫的獲利回抽，也將會在缺口以外。

## ═ 由日線觀察是否為突破缺口 ═

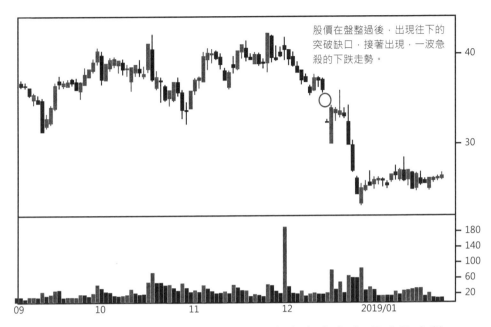

股價在盤整過後，出現往下的突破缺口，接著出現，一波急殺的下跌走勢。

## ═ 當天開盤出現突破缺口後，分鐘線往往會有明確的走勢 ═

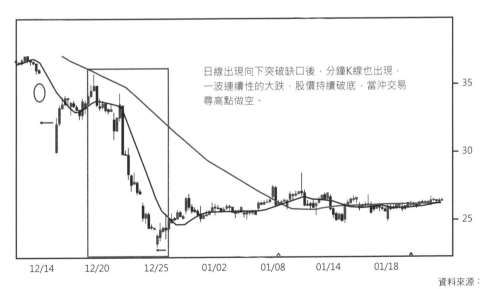

日線出現向下突破缺口後，分鐘K線也出現，一波連續性的大跌，股價持續破底，當沖交易尋高點做空。

資料來源：

# 31 逃逸缺口——趨勢不變

在上升或下跌途中出現缺口，這可能是逃逸缺口。這種缺口不會和突破缺口混淆，任何離開形態或密集交易區域後的急速上升或下跌，所出現的缺口大多是逃逸缺口。這種缺口可幫助我們估計未來後市波幅的幅度，因此亦稱之為量度性缺口或是持續缺口。

通常是在股價突破後遠離形態至下一個反轉或整理形態的中途出現，因此逃逸缺口能大約的預測股價未來可能移動的距離。其量度的方法是從突破點開始，到逃逸缺口始點的垂直距離，就是未來股價將會達到的幅度。或者我們可以說：股價未來所走的距離，和過去已走的距離一樣。

股價在突破其區域時急速上升，成交量在初期量大，然後在上升中不斷減少，當股價停止原來的趨勢時成交量又迅速增加，這是多空雙方激烈爭持的結果，其中一方得到壓倒性勝利之後，於是便形成一個巨大的缺口，這時候又再開始減少了。這就是持續性缺口形成時的成交量變化情形。

投資者該怎麼分辨何謂逃逸缺口呢？

## ◆ 逃逸缺口：上升或是下降趨勢加速發展，伴隨著成交量放大，趨勢將會持續延續

逃逸缺口所形成的跳空缺口，是屬於連續性的跳空前進，這代表趨勢加速發展，不容易被填補。配合成交量放大，表示趨勢還會延續，屬於強勁多頭或空頭走勢的性質。在特別強勁的走勢中，可能出現連續幾天的逃逸缺口。

逃逸缺口經常出現在行情的加速過程中，同時較少有密集成交形態相伴隨。由於該缺口對行情有助漲助跌的作用，因此也一樣不會被輕易

回補。投資者應該注意的是如果此前已有突破型缺口出現，在極端的情況下有時會產生 2 個以上的逃逸缺口。

當日線出現逃逸的跳空缺口之後，當沖交易者宜在隔天順勢地做出買進或賣出動作，此時開盤時有可能出現跳空高開或低開，投資者宜仔細思考是否追高或殺跌來因應這種強勢的上漲或下跌。

## ══ 逃逸缺口往往在突破缺口之後出現，可以計量之後的漲幅 ══

# 32 竭盡缺口——小心反轉

　　當趨勢行情即將接近尾聲時，由於有多方力量的集中釋放或空方的恐慌性拋售，因而會出現竭盡缺口。但竭盡缺口與上述的突破缺口和逃逸缺口不同，一般很快會在短時間內被回補，同時也常伴隨原有市場趨勢的結束和一個新的整理形態的開始。

　　通常一般缺口都會填補。因為缺口是一段沒有成交的真空區域，反映出投資者當時的衝動行為，當投資情緒平靜下來時，投資者反省過去行為有些過分，於是缺口便告補回。其實並非所有類型的缺口都會填補，其中突破缺口，逃逸缺口未必會填補，不會馬上填補；只有竭盡缺口和普通缺口才可能在短期內補回，所以缺口填補與否對分析者觀察後市的幫助不大。

　　竭盡缺口通常是形成缺口的一天成交量最高（但也有可能在成交量最高的翌日出現），接著成交減少，顯示市場買盤（或賣壓）已經消耗殆盡，於是股價很快便告回落（或回升）。

　　投資者該怎麼分辨何謂竭盡缺口呢？

## ◆ 竭盡缺口：缺口會很快被填補，走勢將反轉

　　竭盡缺口如同逃逸缺口，亦是發生在快速的漲勢或跌勢中。但竭盡缺口則是由盛而衰的表徵。不過，當在快速的漲勢或跌勢中，必須去分辨竭盡缺口或是逃逸缺口。由於快速走勢的第一個缺口一定是逃逸缺口，因此最簡單的方法便是，以逃逸缺口的發生位置當作走勢的中點，來計算整個趨勢的長度，從而便可判斷該處所發生的缺口是不是竭盡缺口。另一個判斷的方法則是成交量，如果當天爆出不尋常的巨量且震幅加大，

則很可能是一個竭盡缺口。 就是否被填補的角度來觀察，則竭盡缺口通常很快便會被填補。 這個填補的意涵即為趨勢中斷之意。 至於後續的發展，可能是整理形態，亦可能是反轉形態。

當日線出現竭盡的跳空缺口之後，當沖交易者宜在順勢地做出獲利出場平倉動作，至於是否反向操作，則視當時情況而定。

## ═ 竭盡缺口可以由突破缺口、逃逸缺口來判斷 ═

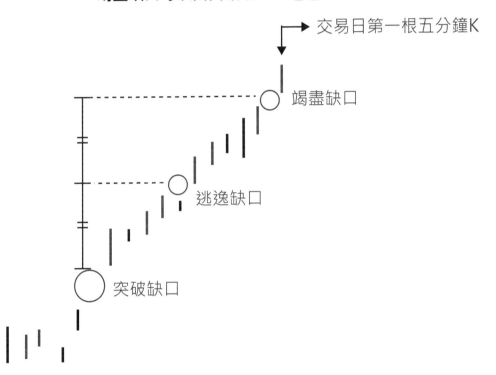

交易日第一根五分鐘K

竭盡缺口

逃逸缺口

突破缺口

# 33 委買委賣與內外盤法

　　如果你有時間在 9:15 之前短暫看盤，那麼用簡單的內外盤資料，也可以進一步確認你昨天的決定是否正確。所謂的「內盤」指的是以現在的「買價」成交；「外盤」是指以現在的「賣價」成交，也就是看當時新增的買賣單是落在那一個價位來決定。如果在交易的當時投資人對這檔股票的有預期以及想持有（或賣出）的急迫性。也就是說，如果大多數人看漲的情況，那麼以「外盤價」成交的機會就高一些些；如果大多數人看淡，以「內盤價」成交就會多一些些。

　　以右圖為例，目前買進價是 158，賣出價是 158.5，這表示有人願意用 158 買進，而且掛了買單；也有人願意以 158.5 元賣出，並且掛了賣單，但上述這兩張單子並沒有交集，所以不會成交。

　　這時，如果投資人願以 158 元賣出，其賣單就會跟目前的 158 元買單產生搓合，於是就成了「內盤價成交」；另一位投資人覺得用 158.5 元買進也還划算，就掛個買單，於是就會跟現在的 158.5 元賣單產生搓合，就成交了「外盤價成交」。

## ◆ 外盤成交比例若明顯高於內盤成交比例很多，股價容易上漲

　　在看盤軟體或網站如果有標示內外盤比例的話，它的意義是指截至目前為止，以內（外）盤價成交的佔總成交的比例是多少，所以兩者相加一定會等於 100%。

　　比方說，如果內盤成交比例是 30%，外盤成交必定是 70%。一般認為外盤成交比例若明顯高於內盤成交比例很多，表示買盤強，股價容易上漲；若是內盤成交比例比外盤成交比例大很多，就表示賣盤強，股價

容易下跌。

通過內外盤的比例，可以了解你想交易的股票當天是買盤多還是賣盤多。但投資人最好能結合股價所處的位置與成交量綜合研判。因為就實際的情況，有時外盤成交量大，價格卻不一定上漲；內盤成交量大，價格卻不一定下跌。

簡單的來說，若成交時內盤大於外盤很多，股價不跌有可能反轉，可短線搶短偏多。

若成交時外盤大於內盤很多，股價不漲有可能反轉，可短線搶短偏空操作。

如果內外盤的資訊和昨天設定的一致，你更可以安心的上班，否則不進場又怎樣？

有關內外盤法的進階分析，見以下個單元的補充說明

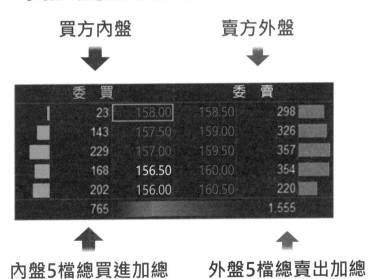

**━ 多數人願意滿足賣方的出價而成交，股價易漲 ━**

買方內盤　　　　　　賣方外盤

內盤5檔總買進加總　　外盤5檔總賣出加總

# 34 虛買實賣市場轉空

當內盤的總買進張數大於外盤的總賣出張數，但股價卻逐步的走低，這代表的情況是虛買實賣，短線有可能持續做漲多拉回整理，可以逢高做放空。有利支持昨天晚間放空的投資決策。

主力拉高股價後，想要逢高出脫持股，但是又怕散戶不跟追高買進，因此，在出貨的過程中會虛張聲勢，通常在內盤掛進大筆買單，吸引散戶，在可以看到的 5 檔最後一檔掛進較大買單吸引散戶，而當股價接近大筆買單檔位區前就取消掉，但股價是逐步走低，這就是所謂虛買實賣。

以右圖為例，首先該股從 9 點開始到 10 點之間做 3 波段的拉抬，當股價漲到 67 元時無力在上攻，此時股價逐漸做出緩慢下跌的動作，但散戶見該股盤中強勢會掛單做短買的動作，雖然委買張數大於委賣張數但股價卻是下跌，這表示特定賣壓在出貨或是早盤開盤買進的買家做短拋行為，這時觀看委賣最大筆數在 65.7 位置有 70 張，因此可以掛前一檔 65.6 做賣出，停損放在 67 之上，停利可放在當下最低點 64.2 之上。

最終執行結果在 11:50 分時，短線空在 65.6 成交，並在最後一盤以 65 元出場，當沖獲利 0.6 元，將近 1% 的獲利。這種操作方式主要是在開盤後一個小時內，判斷當天的高點和低點已經出現的情況下，進場做短線一搏，適合波動不，大小賺小賠的股票練習盤感。當內外盤掛的單量如果高達千張以上時，行情的波動就會比較大，上下震動大時當沖交易的風險及利潤就會跟隨著變高。通常股市在開盤一小時內當沖較好操作，超過一小時後的當沖交易，就可能要到收盤前才有機會沖銷，因此，如果 10 點過後才準備進場當沖的話，應當選擇行情區間震盪且內外盤掛的張數在數百張之間較佳。

# 內盤大於外盤，而股價下跌的情況下，操作範例

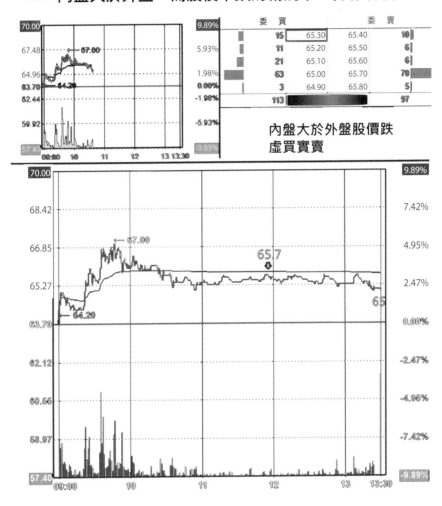

| | 委 買 | | 委 賣 | |
|---|---|---|---|---|
| | 15 | 65.30 | 65.40 | 10 |
| | 11 | 65.20 | 65.50 | 6 |
| | 21 | 65.10 | 65.60 | 6 |
| | 63 | 65.00 | 65.70 | 70 |
| | 3 | 64.90 | 65.80 | 5 |
| | 113 | | | 97 |

內盤大於外盤股價跌
虛買實賣

資料來源：凱基證券

# 35 虛賣實買市場轉多

當外盤的總賣出張數大於內盤的總買進張數，但股價卻逐步的走高，這代表的情況是虛賣實買，短線有可能持續做跌深反彈，可以逢低做買進。一般情況下，個股股價會按照市場的自然規律在一個相對平衡的區間內運行，拉升或是下跌。但當資金變動，增加或是減少，就會導致股價偏離原定的平衡區間，整體發生改變。當主力吸籌建倉之後，就會推動股價拉升，以利將來拉高出貨，達到賺錢的目的。而在主力沒有完成自己的建倉之前，也會採用不斷的打壓洗盤將不堅定的散戶洗出，吸收更多的廉價籌碼，並與低位進貨，這樣成本才能更低，盈利才會更多。

## ◆ 主力利用內外盤影響散反對市場的判斷

從概念上講，主力打壓目的為的是吸籌，而殺跌是主力出貨。當一個股票從高點往下跌一波後，股價已到了跌無可跌的狀態，如果此時個股還遭到打壓，目的就是為了製造恐慌，讓散戶交出「帶血」的籌碼，製造出來最佳的建倉時機，這時主力就會在外盤掛進大筆賣單，尤其是在可以看到的 5 檔最後一檔掛進較大賣單讓散戶恐慌。此時，散戶看到賣壓那麼大，就會在大的賣壓檔位前搶先掛賣單，而主力就可以輕鬆地買進較低股價的股票，股票賣壓看起來是很大，但股價是逐步走高，這就是所謂虛賣實買。

以右圖上，為例，該股於開盤附近遊走震盪，但是委賣總張數持續較委買總張數大的情況下，股價卻是不跌反而緩慢攀升，此時可以視為特定買盤進場買進，短線可以逢低買進偏多。

最終的結果是該股以當天的最高價 32.6 作收，但由於該股成交量及幅度都不大，因此雖然判斷正確買賣方向也如預期，不過只是小賺而已，但是積沙成塔也是不錯的。

## 內盤小於外盤，而股價上漲的情況下，操作範例

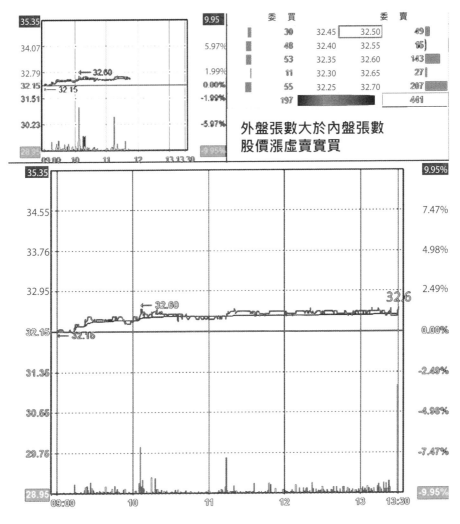

| 委　買 | | | 委　賣 | |
|---|---|---|---|---|
| 30 | 32.45 | 32.50 | 49 | |
| 48 | 32.40 | 32.55 | 16 | |
| 53 | 32.35 | 32.60 | 143 | |
| 11 | 32.30 | 32.65 | 27 | |
| 55 | 32.25 | 32.70 | 207 | |
| 197 | | | 441 | |

外盤張數大於內盤張數
股價漲虛賣實買

資料來源：凱基證券

# 36 勢均力敵行情變化不大

我們經過成交量分析發現，成交量很大程度上顯示了主力的行為，所以判斷是主力故意打壓還是實質上出貨賣股，看成交量也是很重要的。在個股下跌到一定程度之後，一方面因為個股連續下跌，很多投資者不會選擇再買進，或是一部分人因為已經嚴重套牢，已經「認命」，也不會再去做考慮賣出而是選擇死扛，這時候，在成交量上，應該是逐漸的縮小，直至出現低量的水準，交易相當不活躍。而這個時候內外盤的顯示會出現雙方勢均力敵的掛單方式，這代表股價走到此時尚無一個明顯的方向性。當天的行情恐怕會出現橫向盤整的可能。

## ◆ 內盤等於外盤，容易出現盤整走勢

直到股價突破壓力或是跌破支撐後，這個均衡的掛單才會進一步被打破。

當交易時間超過 10 點時，如果發現想要當沖的個股內外盤掛的張數都差不多，這時候可以考慮換股操作，因為買賣力道相同代表該股並未出現較明顯的走勢，其次，很有可能會是盤整到收盤，因此，遇到這樣的股票或許應該可以放棄在換支新股作當沖。

## ═ 內外盤分析與操作修正 ═

| 條件 | 投資決策 |
|---|---|
| 內盤大於外盤，股價下跌 | 保留空單，取消多單 |
| 外盤大於內盤，股價上漲 | 保留多單，取消空單 |
| 內盤等於外盤，成交量縮小 | 可以不操作 |

# 37 開盤八法：用開盤前三根5分鐘線確認走勢

「開盤八法」來自日本，投資人研發出利用開盤前 15 分鐘每 5 分鐘的趨勢，也就是 9：05、9：10、9：15 等三個時間段的漲跌以推算當天的行情。

## ◆ 9 點 15 分前判盤勢，不過小心有人操弄

利用這種開盤模式研判一天行情就好處來看，它可以讓投資人有一定的依循規則，不致於對著盤面搞不清楚今天到底要站在多方還是空方，至少可以降低逆向操作的風險。不過，因為開盤的前面 15 分鐘參與交易的投資人還不多，買賣盤不大，有心人士可以用不需很大的資金就能達到他所要的目的，但隨著時間愈往後參與的人多，買賣盤就比較實在了。尤其在連漲多日或連跌多日時，皆有變盤關鍵，宜作應對。在盤整行情中，其開盤模式之效用較不顯著，宜搭配其他技術指標作為研判參考。在開盤前臨時出現突發利多，利空，且開盤時已作充份大漲大跌回應時，判斷的準確度會降低。

# 利用開盤前三根 5 分鐘線，就可以大幅提升對當天走勢預測的準確度

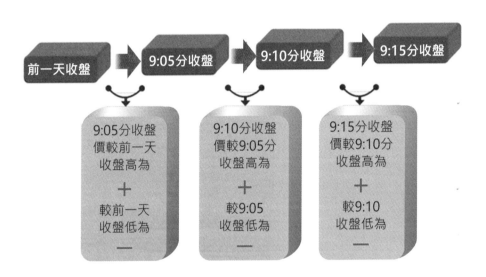

前一天收盤　→　9:05分收盤　→　9:10分收盤　→　9:15分收盤

9:05分收盤
價較前一天
收盤高為

＋

較前一天
收盤低為

－

9:10分收盤
價較9:05分
收盤高為

＋

較9:05
收盤低為

－

9:15分收盤
價較9:10分
收盤高為

＋

較9:10
收盤低為

－

| 開盤結果 | 排列組合 | 可能形成因素 | 當天趨勢走向 | 多 & 空 |
|---|---|---|---|---|
| 1. 連三漲 | +.+.+ | 1. 突發利多消息宣布<br>2. 美股或陸股大漲刺激<br>3. 龍頭股或領頭羊股大漲<br>4. 該股處於上漲趨勢中，大漲小跌狀態 | 1. 代表大盤走勢極端強勢<br>2. 多方心態濃厚<br>3. 強勢股出現大漲或漲停<br>4. 次日仍有持續上漲可能 | 個股：多<br>當沖：多 |
| 2. 連三跌 | -.-.- | 1. 突發利空宣布<br>2. 美股或陸股大跌刺激<br>3. 龍頭股或領頭羊股大跌<br>4. 該股處於下跌趨勢中，大跌小漲狀態 | 1. 代表大盤走勢極端弱勢<br>2. 空方心態濃厚<br>3. 強勢股出現大跌或跌停<br>4. 次日仍有持續下跌可能 | 個股：空<br>當沖：空 |
| 3. 一漲兩跌 | +.-.- | 1. 主力作手拉高誘多<br>2. 指標股走弱急於出貨<br>3. 該股處於下跌趨勢中 | 1. 下跌走勢<br>2. 指數高點未能創高，遊走於低檔區。<br>3. 指標股失去領軍作用效果<br>4. 指標股出現暴增式大量 | 個股：空<br>當沖：空 |
| 4. 一跌兩漲 | -.+.+ | 1. 該股處於上升趨勢架構中<br>2. 短線獲利回吐反壓<br>3. 震盪補量盤勢<br>4. 高低檔換手整理 | 1. 盤勢拉回有買盤進場支撐<br>2. 底部墊高震盪趨堅<br>3. 常出現長下影線收紅的可能<br>4. 價量配合次日還有高點 | 個股：多<br>當沖：多 |

| 開盤結果 | 排列組合 | 可能形成因素 | 當天趨勢走向 | 多 & 空 |
|---|---|---|---|---|
| 5. 二漲一跌 | +.+.- | 1. 上升趨勢格局<br>2. 拉回整理後多方蓄勢待攻<br>3. 指標股領軍但衝高遇關卡反壓<br>4. 盤堅走勢常見 | 1. 當日走勢偏強<br>2. 盤中價量配合得宜<br>3. 如價量背離宜觀望<br>4. 介入以強勢股為主 | 個股：多<br>當沖：多 |
| 6. 二跌一漲 | -.-.+ | 1. 反彈行情常見到<br>2. 指標股跌深後止穩<br>3. 盤跌走勢中常見 | 1. 低檔可能出現反彈<br>2. 當日出現下影線機率高<br>3. 指標回檔時成交量萎縮 | 個股：<br>逢低偏多<br>當沖：<br>高拋低吸 |
| 7. 一漲一跌<br>一漲 | +.-.+ | 1. 跌幅有限橫盤整理<br>2. 成交量低迷<br>3. 市場無明顯領頭族群或股票 | 1. 指數間無大幅度變化<br>2. 盤跌或盤堅走勢都容易出現<br>3. 觀望心態視之<br>4. 當日沖銷不易 | 個股：觀望<br>當沖：觀望 |
| 8. 一跌一漲<br>一跌 | -.+.- | 1. 跌幅有限橫盤整理<br>2. 成交量低迷<br>3. 市場無明顯領頭族群或股票 | 1. 指數間無大幅度變化<br>2. 盤跌或盤堅走勢都容易出現<br>3. 觀望心態視之<br>4. 當日沖銷不易 | 個股：觀望<br>當沖：觀望 |

# 38 漲漲漲——強勢上漲

開盤 9:05、9:10、9:15 指數或是股價接連往上走高連續上漲。

## ◆ 成因：

（1）美股前晚大漲，亞股普遍開高盤。（2）有突發性利多宣布。（3）主力強拉股價，用跳空方式突破壓力區。（4）該股處於上漲趨勢中的主升段。（5）主力在底部區域吸足籌碼，開始放量上攻。（6）連續三波上漲，拉回不破平盤。（7）回測第二波低點為買進點。（8）如果回測時低於盤下，快收盤時是小紅小黑棒，帶有 1.5% 以上的上影線時，宜小心形成反轉，尤其在連續中長紅棒之後。

## ◆ 當天行情走勢：

（1）當天的走勢屬於多頭走勢。（2）當天可能收中長紅棒居多。（3）下個交易日還有高點可期，但應視該股相對位置，底部及上漲走勢中間較有可能，頂部區域則小心拉高出貨誘多。（4）指標股及大型績優股表現亮眼，常有漲停或長紅棒出現。（5）價漲量增。

## ◆ 當沖交易的參考時間點位：

（1）當日最低點可能出現在開盤價或以下 0.5% 之間。（2）如果開中高盤，則高點可望出現在 9:45-10:10 分之間。（3）如果開平高盤高點可能出現在 12:30 到臨收盤前。（4）開盤之後出現震盪走勢的第二波低點是當沖建倉的好時機點（標示 1）。（5）:12:00-12:30 分之間出現當天高點，之後股價都在高點之下震盪，要小心尾盤的獲利賣壓湧現，但也不排除主力在最後一盤拉高，風險與利益各佔一半（標示 2）。

## ◆ 操作方法

（1）以順勢操作買進為主。（2）選擇強勢股或是成交量較大的個股介入。（3）漲停量縮股隔日應還有高點可期。（4）開盤之後前半場不斷的爆量宜先逢高出脫。（5）日線出現連續中長紅k棒之後，當天出現成交量異常暴增時，可先減碼以對。（6）日線出現價穩量縮一陣子之後，突然出現量增價漲，當沖交易應該勇於進場。

### ═ 開盤 15 分鐘，漲漲漲，今天強勢上漲 ═

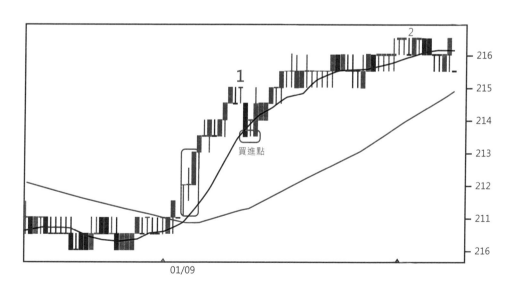

# 39 跌跌跌——強勢下跌

特點解析：開盤 9:05、9:10、9:15 指數或是股價接連往下走低連續下跌。

## ◆成因：

（1）美股前晚大跌，亞股普遍開低盤。（2）有突發性利空宣布。（3）盤勢用跳空方式跌破支撐區。（4）該股處於下跌趨勢中的主跌段。（5）主力在頂部區域，開始放量下殺出股。（6）開低震盪走低，重返平盤之上不易。（7）此模式為所有模式中最弱模式。（8）連跌數日後出現此模式，但收盤前出現帶下影線 1.5% 以上，且以小紅小黑形態作收時，觀察是否形成反轉。

## ◆當天行情走勢：

（1）當天的走勢屬於空頭走勢。（2）當天可能收中長黑棒居多。（3）下個交易日還有低點可期，但應視該股相對位置，頂部及下跌走勢中間較有可能出現，底部區域則小心壓低進貨。（4）指標股及大型績優股表現弱勢，常有跌停或長黑棒出現。（5）價跌量增。

## ◆當沖交易的參考時間點位：

（1）當日最高點可能出現在開盤價或以上 0.5% 之間（標示 1）。（2）高點可望出現在 10:10-10:35 分之間。（標示 2）（3）低點可能出現在 9:30-9:45 或是到臨收盤前。（標示 3）（4）開盤之後出現震盪走勢的第三波頂點是當沖放空的好時機點。（5）如果 12:00-12:30 分之間出現當天低點，之後股價都在低點之上震盪，要小心尾盤的跌深回補，但也不排除主力在最後一盤壓低，風險與利益各佔一半。

## ◆當沖交易操作要點：

（1）以順勢操作放空為主。（2）選擇漲多主力股或是漲多高價個股介入。（3）如遇支稱點位股價不跌，且量能放大時暫不介入。（4）此種模式出現後下個交易日可能還有低點出現，空單可隔天再出，多單逢反彈宜減碼或完全出脫。

### ═ 開盤 15 分鐘，跌跌跌，今天強勢下跌 ═

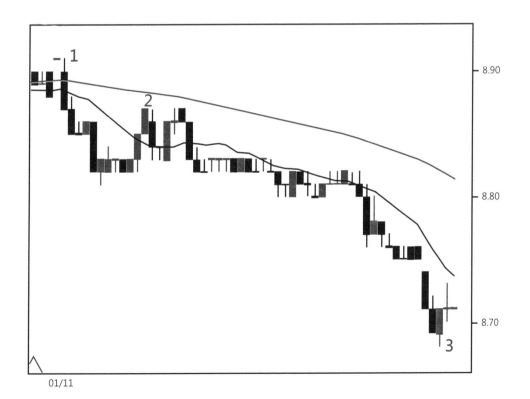

01/11

# 40 漲跌跌——反彈放空

特點解析：開盤 9:05 上漲而 9:10、9:15 指數或是股價接連往下走低連續下跌。

## ◆成因：

（1）美股前晚小漲亞股普遍開小高盤。（2）指標股失去領軍作用與效果。（3）主力股有拉高出貨的可能。（4）弱勢格局反彈宜減量。（5）該股將形成下跌走勢。（4）該股處於下跌趨勢中的下跌波段。

## ◆當天行情走勢：

（1）當天的走勢屬於下跌走勢居多。（2）指數或個股未能創新高，遊走在低檔區或盤下。（3）指標股常有爆量的方式出現。（5）價量背離。

## ◆當沖交易的參考時間點位：

（1）主力拉高出貨，利用反彈點放空。（2）高點可望出現在 9:05-9:15 分或 10:15-10:35 分之間。（標示 1）（3）低點可能出現在 10:20-10:40 分或是到臨收盤前。（標示 2）

## ◆當沖交易操作要點：

（1）以順勢操作放空為主。（2）選擇漲多的股票或是漲多高價個股介入。（3）臨收盤時如創低點，可以暫不回補留待隔日再行沖銷。

## 漲跌跌，放空為宜

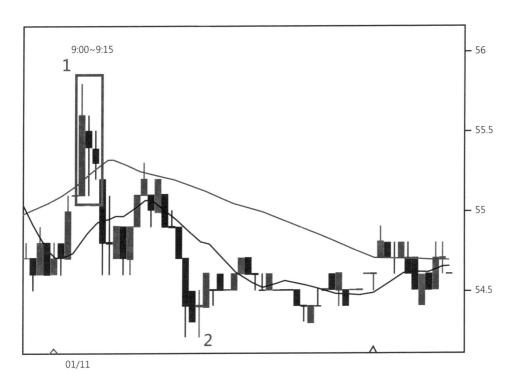

9:00~9:15

1

01/11

2

# 41 跌漲漲──逢低買進

特點解析：開盤 9:05 下跌而 9:10、9:15 指數或是股價接連往上走高連續上漲。

## ◆成因：

（1）美股前晚小跌亞股普遍開盤時小漲。（2）指標股續漲但其他股有漲多回吐可能。（3）主力藉機震盪洗盤或者補量（4）高低檔需換手補量時。（5）該股處於上升趨勢中的上漲波段。（6）將重返盤上但會出現震盪波動。（7）容易出現上下影線俱全的 k 棒形態。

## ◆當天行情走勢：

（1）盤勢拉回有支撐性買盤介入，且追買意願很高。（2）指數或個股震盪區間，底部不斷墊高。（3）個股常有長下影線或中長紅作收。（4）下個交易日還有高點可期（5）價量配合或是量縮價漲。

## ◆當沖交易的參考時間點位：

（1）盤中拉回第三波未在創新低時。（2）高點可望出現在 10:20-10:40 分或臨收盤前半小時之內。（3）低點可能出現在 9:10-9:20 分或是 9:45-10:05。

## ◆當沖交易操作要點：

（1）以順勢操作買進為主。（2）選擇指標股為主且價量配合良好股。（3）盤中拉回第三波低點且未創新低時低接。（4）下個交易日仍有高點可期，當沖交易可視盤勢在臨收盤前平倉出場。（5）跌漲漲的走勢如果發生在底部區域時，很容易出現當天趨勢反轉。（6）跌漲漲的走

勢如果發生在上漲中間區域時，多頭走勢尚未結束還會上漲。（7） 跌漲漲的走勢如果發生在上漲高檔區域時，宜防拉高出貨。（8） 跌漲漲如果在下跌區域出現，有可能是在跌深後出現反彈，其原本走勢未改變，在反彈過後行情還是會持續下跌產生。

## ═ 跌漲漲買進為宜 ═

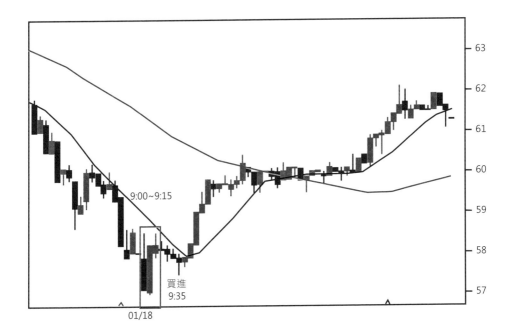

# 42 漲漲跌——拉回做多

特點解析：開盤9:05、9:10指數或是股價接連往上走但9:15出現下跌。

## ◆成因：

（1）美股前晚大漲，亞股普遍開中高盤後獲利回吐。（2）有可能股價在拉回整理後，多方將扭轉原本盤整走勢。（3）指標股領軍，但衝高遇關卡反壓回跌。

（4）該股處於上漲趨勢中的大漲小回波段。（5）此種模式也出現在盤堅的走勢中。（6）股價來回時應會守在盤上。（7）易帶上影線但最終收紅機率高。

## ◆當天行情走勢：

（1）當天的走勢屬於上漲走勢。（2）當天可能收中紅棒居多。（3）底部逐漸地墊高，但最終不一定是收在最高點。（4）有可能出現較長的上影線。（5）盤中如出現價漲量增，則可以做買進動作，如果價量背離則可以觀望。（6）指標股強弱是影響大盤及類股的主要關鍵。

## ◆當沖交易的參考時間點位：

（1）當日最高點可能出現在 10:00-10:30 之間或是 12:00-12:30。（2）當日低點高點可望出現在 9:00-9:30 分之間或是 11:20-11:40 左右。（3）以衝高第三波來臨的時間做為高拋的參考依據。（4）拉回第二波低點可以介入。

## ◆當沖交易操作要點：

（1）以順勢操作買進為主。（2）選擇強勢股或是指標股介入。（3）

大盤或是個股如果量能不大，行情在第三波出現後會形成區間盤整走勢直到收盤。（4）收盤如果還是中長紅棒時，隔天仍有走高的可能。（5）漲漲跌的走勢如果發生在底部區域時，很容易出現持續上漲的走勢。（6）漲漲跌的走勢如果發生在上漲中間區域時，多頭走勢可能出現盤整。（7）漲漲跌的走勢如果發生在上漲高檔區域時，宜防高檔賣壓。（8）漲漲跌如果在下跌區域出現，有可能是在跌深後多方想嘗試扭轉走勢，但最後結果還是無法改變其原本走勢，在市場信心未形成共識前，反彈過後行情還是會持續下跌產生。

## ═ 漲漲跌順勢買進 ═

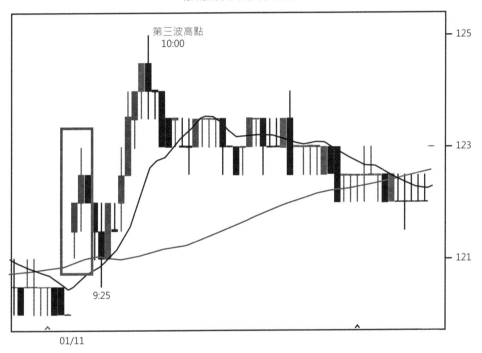

# 43 跌跌漲——低接買進

特點解析：開盤 9:05、9:10 指數或是股價接連往下走但 9:15 出現上漲。

## ◆成因：

（1）美股前晚大跌，亞股普遍開低盤後出現反彈。（2）此種模式也出現在盤跌的走勢中。（3）指標股跌深後出現止跌回穩跡象。（4）該股處於下跌趨勢中的反彈走勢。（5）略帶下影線。

## ◆當天行情走勢：

（1）當天的走勢可能出現低檔反彈。（2）下方有低掛買盤承接。（3）股價走跌時量能萎縮但支撐區有較大成交量形成。（4）有可能出現較長的下影線。

## ◆當沖交易的參考時間點位：

（1）當日最高點可能出現在 9:00-9:30 之間，或是 10:20-10:40 之間。（2）當日低點可望出現在 9:10-9:30 分之間或是 11:45-12:00 左右。（3）以拉回盤下第三波低點或是第五波當成低接的買進點。

## ◆當沖交易操作要點：

（1）以順勢操作以盤下第三或第五波為低接的買點。（2）選擇強勢股或是指標股介入。（3）當天如果出現下影線長度大於 1.5% 幅度時，隔日還會有上漲機會。（4）當天如果出現向下跳空缺口但最終能補齊，則收高的可能性將大為增加。（5）跌跌漲的走勢如果發生在底部區域時，可能是盤整的走勢。（6）跌跌漲的走勢如果發生在上漲中間區域時，多

頭走勢可能出現滯漲情況。（7） 跌跌漲的走勢如果發生在上漲高檔區域時，宜防主力高拋低吸震盪洗盤。（8） 跌跌漲如果在下跌區域出現，有可能是跌勢未止，但下跌的走勢未變，短線有可能是無量或低量緩慢下跌的可能。

## ═ 跌跌漲盤下第三波低接 ═

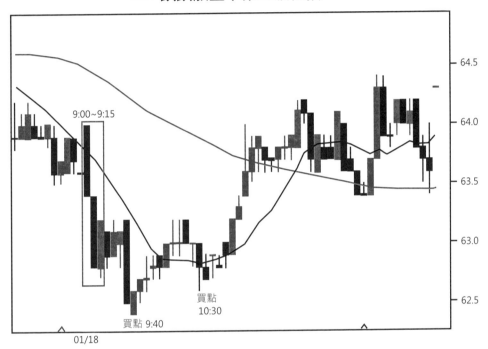

# 44 漲跌漲——盤整變化不大

開盤 9:05 上漲 9:10 指數或是股價往下走但 9:15 再度出現上漲。

## ◆成因：

（1）美股前晚小漲小跌，亞股普遍開平低盤後出現盤整。（2）成交量出量萎靡不振。（3）指標股量縮盤整或是無指標股領頭。（4）該股處於橫向盤堅狹幅震盪走勢。（5）大盤成交量縮小或是長假期前法人散戶離場觀望。（6）即將有重大訊息宣布但股價已提早反映過利好或利空。

## ◆當天行情走勢：

（1）指數間無太大變化幅度。（2）盤跌或盤堅走勢都容易出現。（3）以觀望的心態面對。（4）尾盤如出現急拉或急殺，可觀察是否變盤。

## ◆當沖交易的參考時間點位：

（1）當日最高點可能出現在 9:10-9:30。（2）當日低點可望出現在 12:15-12:30 分之間或是臨收盤前。

## ◆當沖交易操作要點：

（1）以順勢操作，觀望為宜。（2）逆勢股不宜放空，除非連漲數日。（3）買賣股票只適合定價交易不適合市價交易，但當沖不易可能要到隔

天才能沖銷掉持股。

## ═ 今日盤整，不做也罷 ═

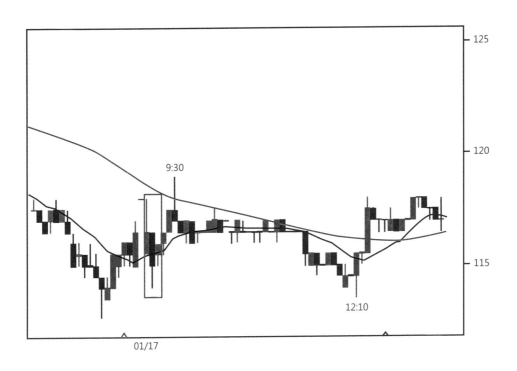

# 45 跌漲跌——盤整變化不大

開盤 9:05 下跌 9:10 指數或是股價往上走但 9:15 再度出現下跌

## ◆成因：

（1）美股前晚小漲小跌，亞股普遍開平低盤後出現盤整。（2）成交量出量萎靡不振。（3）指標股量縮盤整或是無指標股領頭。（4）該股處於橫向盤跌狹幅震盪走勢。（5）大盤成交量縮小或是長假期前法人散戶離場觀望。（6）即將有重大訊息宣布但股價已提早反映過利好或利空。

## ◆ 當天行情走勢：

（1）指數間無太大變化幅度。（2）盤跌或盤堅走勢都容易出現。（3）以觀望的心態面對。（4）尾盤如出現急拉或急殺，可觀察是否變盤。

## ◆ 當沖交易的參考時間點位：

（1）當日最高點可能出現在 10:20-10:30 或是臨收盤前。（2）當日低點可望出現在 9:05-9:50 分之間。

## ◆ 當沖交易操作要點：

（1）以順勢操作觀望為宜。（2）逆勢股不宜放空除非連漲數日。（3）買賣股票只適合定價不適合市價，但當沖不易可能要到隔天才能沖銷掉持股。

## ═ 今日盤整，不做也罷 ═

9:00~9:15

9:50

01/18

# 46 處理未達停利停損標準的股票

當早上掛單成交後，如果也沒點到停損或停利點時，投資者可以利用 12:00-12:30 分這半小時之內，快速地處裡這個未平倉單子，此時單子的狀況不外乎下列幾點：

（1）不論是買單或賣單目前是小賺的情況，這時可以考慮直接獲利出場，隔日再戰，因為不論是指數或個股，過了 12 點之後行情容易出現反向走勢，當下是賺錢的可能收盤時是出現虧損或是點到停損，所以建議先行出場以免白忙一場。

（2）不論是買單或賣單目前是小虧的情況，這時可以考慮小損出場或是將停損點提高，並且將停利點改成可以打平所有費用的價位，如果都沒成交的話可以用收盤價出場。

（3）不論是買單或賣單目前是在進場點附近盤整，這代表行情波動不大，可將停利點往下移，以可以打平所有費用的價位為主，這樣可以有機會很快地出場，通常挑選的股票盡可能跳動一檔就能打平或是小賺，因此很有機會是小賺出場。

或許有人會認為行情波動不大，是否可以將這個沒平倉掉的股票留在明天再說？這個其實是要考量到本身是否有開信用交易戶，如果放空的話是否有足夠的券可以過夜。其次是操作成本會增加。最重要的是當晚美股變動及是否接近融券回補期，通常當沖交易的紀律是當天一定要平倉，因為行情天天有不用執著當下的走勢。

一年中可以留倉的時間點只有在聖誕節前後，因為內外資都在休假狀態，成交量相當小，當沖不易且留倉的風險不高，但無論如何，當沖還是要「今日沖今日畢」為佳。

## 中午未平倉的部位處理

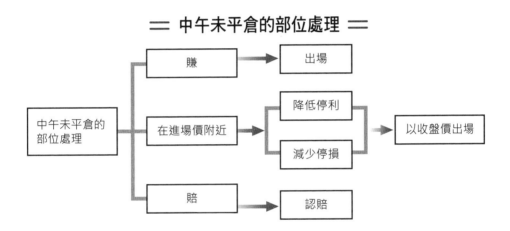

**Chapter**

# 3

# 停損的
# 進階技術說明

# 47 當沖交易的停損策略：日K線通道停損

許多當沖交易者認識到停損的重要性，但是卻不知道如何設置停損點。除了第二章提到的方法外，本章將另外介紹 5 種止損策略，一種是簡單實用、被當沖交易「老司機」們廣泛採用的高低點停損策略——通道動止損，另一種是緊抓行情波動的停損策略——「移動停損」。第三種是以固定損失的停損策略——「定額停損」。第四種是以技術分析損失的停損策略——「技術分析停損」。最後一種是比較抽象的停損策略——「時間停損」。至於何種停損策略適合自己，這應該是運用之妙，存乎一心因人而異，所謂「設好停損而後交易，當沖之常；運用之妙，存乎一心。」

### ◆ 多半以 20 根日 K 線來操作

所謂「通道停損」是指，投資者使用最近 X 根 K 線的最低或最高點，作為多空方向止損點的參考。所有這些高點和低點構成一個形似通道的帶狀區域，因而我們把它稱之為「通道」。

假定投資者選擇 20 天期通道作為交易系統的停損點，那麼他就要不定時測量最近 20 天的最低點，並以此作為停損點。當價格向其交易的方向趨動時，最近 20 天低點也隨著不斷上移，因此該策略不僅能「跟蹤」趨勢，還能保護不斷累積的盈利。

不過「20 天」並非固定的，「X 根」K 線的選取取決於投資者可以容忍的波動程度。用越多的 K 線條數來確定停損點，給予交易的變化空間越大；使用越近的高點或低點，停損被觸發的速度也越快。

最後一點要考慮的是通道停損的一個非常重要的弱點。通道突破方法是如此的流行，以至於在前期低點或高點處會觸發大量的停損單或入場單，因而當你在交易中使用這些技術時會發現明顯的價格滑動。在這種情況下，設置一些與眾不同的停損點是更好的方法，代價則是要稍微多承擔一些損失。

## ═ 通道停損簡單易用 ═

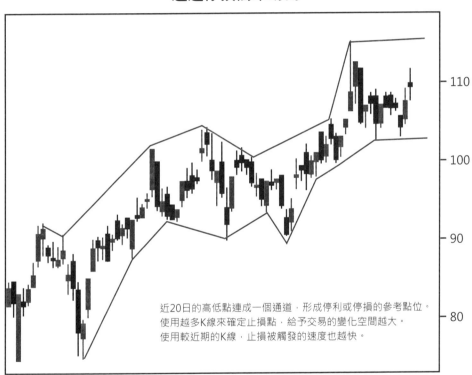

近20日的高低點連成一個通道，形成停利或停損的參考點位。
使用越多K線來確定止損點，給予交易的變化空間越大。
使用較近期的K線，止損被觸發的速度也越快。

# 48 當沖交易的停損策略：分鐘線通道停損

對於當日沖銷客而言，也可以採用近期分鐘 k 線的高低點位來當作進場後的停損、停利點位，整體而言分鐘 k 線高低點的範圍幅度更小，因此，在採用分鐘 k 線為停損、停利點時，應該把握下列兩大原則：

①盡量以轉折的最高最低點為線跟線的連接點位，如果該連接點位置也剛好是日線的連接點位會更佳，這樣被騙線的機率會小很多。

②由於分鐘 k 線時間波動比較劇烈，判斷尚須搭配大盤走勢及成交量是否出現背離，指標是否背離，停損設定上可能需要略為放寬些，以防點到停損後又拉回的窘境。

## ═ 分鐘線，宜連接轉折最高及最低點位 ═

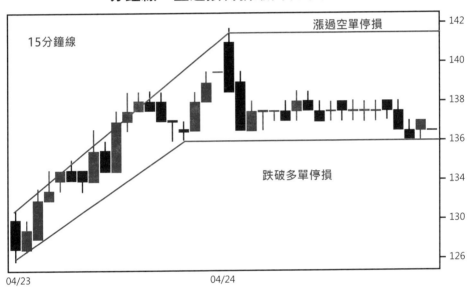

04/23                                    04/24

# 49
## 當沖交易的停損策略：
## 做多時定額停損法的運用

對於手上沒有一筆資金可以直接投入市場，或是想進場但是對進場時機沒有把握的投資人，定額停損不失為一個好的方法。然而，到底要停損多少金額比較適當，建議每次投資最高損失，以總金額的百分之二為限。定額停損基本上跟買權證或是彩券有相同的意思，用有限的損失去博一段上漲或下跌的行情，接下來就以實際的例子，在虧損控制在總金額百分之二的情況下，來解說定額停損的操作方式。

① 以微星（2377）為例，2月12日帶量突破前面1月28日的78元的壓力區，此時判斷將有一波上漲行情出現，因此以2月13日的開盤價買進。

② 假設本金為100萬元。

③ 進場點 :79.8（2月13日開盤價）

④ 停損點 :1月30日的最低點73.9

⑤ 單筆最大虧損百分比：（79.8 − 73.9）÷79.8=7.39%

⑥ 本金最大虧損百分比：1%（此數值是固定的），在此案例中為100萬 ×1%=1萬

⑦ 可投入單筆金額 = 本金最大虧損金額 ÷ 單筆最大虧損百分比

135317=10000÷7.39%

可買入張數 =135317 元 ÷79800=1.69 張約等於 2 張

⑧ 所以可以買進 2 張，即可把風險控制在本金 2% 左右，如果微星不跌破停損點時，可以逢高獲利出場。

⑨ 如果風險承受度可以提高到本金 2% 以上，那麼可以買進的張數為 1.69×2=3.38，應該是 3 張而非 4 張，因為當風險放大時，在操作上應該是更保守而非更放開，基本上在未平倉前都無法肯定停損是否會被點到，有時突發的利空消息會改變原本多空頭走勢，因此需要越保守的態度來面對。

⑩ 單筆最大虧損 % 數不宜過大超過 10% 以上，這代表行情由最低點發動已有一波漲幅，追高容易被套，低於 3% 則還不能確定停損的最低點是否是反轉點，還是只是跌深後的小反彈，所以還是要多方觀察後才能進場布局，而這個最低點的設立將關係到整個定額停損的成敗，不可不慎。

### ═ 以微星為例，停損金額不超過總資金 2% 的操作方法 ═

本金：此次買賣金額　　總資金：投資者買賣所有資金總額

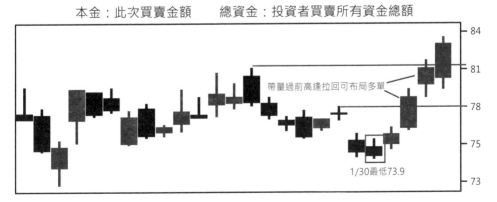

# 50

## 當沖交易的停損策略：放空時定額停損法的運用

　　定額停損不只可以用在做多也能放空，接下來就以實際的例子來解說定額停損的操作方式。

① 以華新科（2492）為例，2 月 14 日突破 200 元後收低，此時判斷將有一波拉回走勢出現出現，因此以 2 月 15 日的開盤價賣出。

② 假設本金為 100 萬元

③ 進場點 :194 元（2 月 15 日開盤價）

④ 停損點 :12 月 4 日的最最高點 215 元

⑤ 單筆最大虧損 % 數：（215-194）÷194=10.82%

⑥ 本金最大虧損百分比設定為 1%，本金最大虧損金額 =100 萬 ×1%=1 萬

⑦ 可投入單筆金額 = 本金最大虧損金額 ÷ 單筆最大虧損 % 數

　　可投入單筆金額 ×10.82%=1 萬

　　可投入單筆金額 =92421 元

　　可賣出張數 =92421 元 ÷194000=0.47 張約等於 1 張

⑧ 所以可以放空 1 張，即可把風險控制在本金 1% 左右，如果華新科不漲過停損點 215 時，可以逢低獲利出場。

⑨ 短線獲利如採 1:1 的情況下可在 170 元上下出場，或是將停損點往下移動變成停利點，這樣就可以看的比較長波段的空單。

## 以華新科為例，停損金額不超過總資金 2% 的操作方法

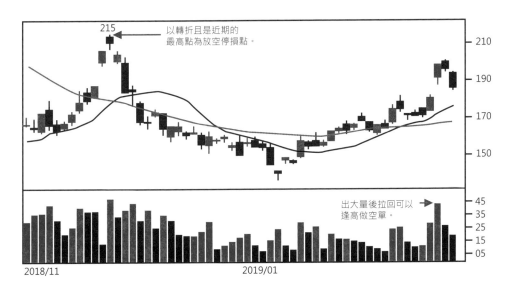

215 以轉折且是近期的
最高點為放空停損點。

出大量後拉回可以
逢高做空單。

2018/11    2019/01

# 51 趨勢線停損法

趨勢線停損法是較為簡單的停損法。它是將停損設置與技術分析相結合，剔除市場的隨機波動之後，在關鍵的技術位置設定停損單，從而避免虧損的進一步擴大。一般而言，運用趨勢線停損法，無非就是短線或當沖交易者以小虧賭大盈。

在正常的趨勢運作下，股價都是在趨勢線以內運行，當價格跌破趨勢線，這將是股價即將反轉的一個信號，此時我們應提高警惕，以平倉為主或是轉為空單操作。

### ◆ 太過陡峭的趨勢線，往往代表反轉可能來臨

降趨勢線的角度由陡峭逐步轉為平緩進，下跌減速，可考慮輕倉介入；當上升趨勢線改變軌道、角度抬升，則意味著股價加速上漲；股價經過一波上漲之後，上升趨勢斜率增大，股價加倍上升，但此時也恰恰說明上漲接近尾聲，要做好收網準備，及時規避風險鎖定收益。

股價的上升與下跌，在各種趨勢之末期，皆有加速上升與加速下跌之現象。因此趨勢反轉的頂點或底部，大都遠離趨勢線。至於當沖交易者利用趨勢線來操作停損法，重要的是觀察趨勢線斜率如太過陡峭，那麼跌破趨勢線後可能出現一波明確的反轉走勢，但如果是較為平坦的趨勢線被跌破，如未帶大量配合，那麼有可能是盤整的情況下的假跌破，這時停損的範圍可以稍微加大 1-2%，以免誤判而提早被停損出場後行情開始出現獲利。

當沖交易者可在前一晚就找到跌破趨勢線的點位，在開盤前就可設好，或是交代營業員留意，甚至是手機看盤軟體的到價提醒，均可輕鬆完成。

## ═ 當做多時，不妨以趨勢線為停損點 ═

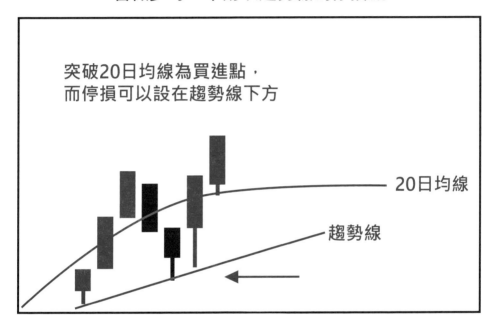

突破20日均線為買進點，
而停損可以設在趨勢線下方

20日均線

趨勢線

# 52 時間停損法與平衡停損法

　　時間停損是根據交易週期而設計的停損技術，譬如，我們若對某股的當沖交易週期預計為中午 12 點前，買入後在買價一線徘徊超過 12 點，那麼其後超過 12 點時應堅決出倉。人們普遍注意空間的停損，而不考慮時間因素。但是將時間浪費在不漲不跌的標的上面，喪失了機會成本外，也增加持股的風險性。

　　空間停損方式的好處在於，可以通過犧牲時間而等待大行情，缺點在於經過了漫長的等待後往往不得已還要停損，既耽誤了時間又損失了金錢。從空間停損來看價格或許還沒有抵達停損位置，但是持股時間已跨越了時間的界限，此時不妨先出局觀望。

## ◆ 平衡停損，兼顧時間與空間

　　當然，時間停損法這種觀念在國外都不見得被接受，更何況是國內投資者，所以針對時間停損的缺點加以改良，變成時間與空間相互平衡的平衡停損法則。

　　也就是在建倉後即設立原始停損價位，原始停損價位可設在低於建倉價格 2% ～ 3% 的位置。買入後股價上升，便將停損位移至建倉價，這是你的盈虧平衡點位置，即平衡點止損位，此時就可以不用理會時間的問題。依此，投資者可以有效地建立起一個「零風險」系統，可以在任何時候套現部分盈利或全部盈利。平衡點停損系統建立好以後，下一個目的就是等待獲利平倉。獲利平倉需要技術分析幫助方有所成，但是不管用什麼技術分析平倉，隨著股價上升必須相應地調整停損位置。

　　如果掛單後行情上升，投資者沒時間移動停損價位到買進點，但又

沒點到停損價時，可在中午午休時間將價格移到建倉位，並設定收盤價平倉，可以兼顧風險與獲利，而且也比較可以克服心理壓力，達到兩全其美。

## ═ 時間到不漲不跌就出場 ═

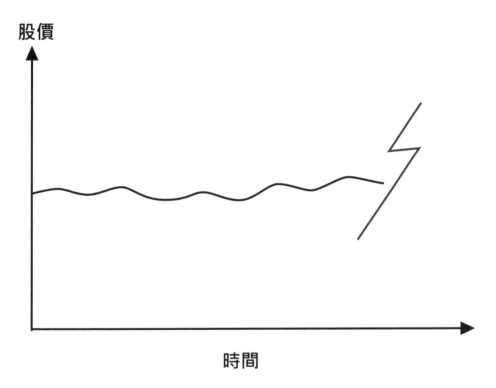

Chapter

# 4

## 讓你對趨勢判斷更準確
## 的技術分析相關知識

# 53 用董監事及外資持股分析了解大戶的動向

當投資者在前一晚利用當天的成交量選出隔天要交易的股票後，如何利用籌碼分析判斷公司派或法人對該股的看法或態度，可以增強隔天當沖交易時的勝算跟信心。

如果以股票市場的生態鏈來看，區分出資訊流通的快慢，最上層是公司派，次一層是法人、媒體，最底層則是一般散戶。股價會不會漲，主要是看最上面兩層的臉色。每檔股票後面都有龐大資金支持稱為聰明錢，只要跟這些聰明錢同步買進或賣出，賺錢的機率便可大幅提高。在這兩階層聰明錢中，資訊最容易取得的，是法人的籌碼動向，當籌碼由散戶流到法人手中時，是股價的偏多訊號，反之當法人一直賣，散戶一直接，就是偏空訊號。

因此，籌碼分析可以與技術分析的結果相輔相成；經由技術指標或線型所挑出來的股票，在預備買進之前，若搭配所謂的法人或主力籌碼判讀，發現該檔股票正有法人或主力偷偷的吃貨，介入跟持有的過程就能更有信心了！

## ◆ 由董監持股判斷聰明錢的流向

籌碼分析可以分層次進行，最基本的分析可從該股的董監持股變動，發現大股東及外資或法人是看好該公司持續買進還是逢高獲利減碼狀態。以穩茂（3105）為例，從 2018 年 12 月到 2019 年 4 月，全體董監持股一直維持在 6.3% 沒變，但外資從 12 月持股 42.6%，到隔年 3 月持股增加至 44.7%。而同時一時間股價由 118 元上升到 217.5 元。可見該股一

路都是外資買上來的。但到 4 月時外資持股變 40.3%，該股股價一度破 200 元後才止跌，可見這波下跌也是外資逢高出脫股票所造成的。

　　從 3 月外資還加碼但 4 月減碼來看，3 月收盤價 217.5 元以上為外資出貨且為散戶套牢區，適合逢高放空，至於何時可以再度逢低布局，這就要看外資持股何時開始增加，而股價跟隨上漲時，不論短線或當沖都可以進場做多。

## ═ 追蹤董監事及外資持股，可以判斷股價走勢 ═

| 月別 | 當月股價 | | | 發行張數(總張) | 非獨立董監持股 | | | | | 獨立董監持股 | | | | | 全體董監持股 | | | | | 外資持股(%) |
| --- | --- | --- | --- | --- | --- | --- | --- | --- | --- | --- | --- | --- | --- | --- | --- | --- | --- | --- | --- | --- |
| | 當月收盤 | 漲跌(元) | 漲跌(%) | | 持股張數 | 持股(%) | 持股增減 | 質押張數 | 質押(%) | 持股張數 | 持股(%) | 持股增減 | 質押張數 | 質押(%) | 持股張數 | 持股(%) | 持股增減 | 質押張數 | 質押(%) | |
| 2019/04 | 207 | -10.5 | -4.8 | 42.38 | - | - | - | - | - | - | - | - | - | - | - | - | - | - | - | 40.3 |
| 2019/03 | 217.5 | +42.5 | +24.3 | 42.38 | 26,687 | 6.3 | -6 | 0 | 0 | 38 | 0 | 0 | 0 | 0 | 26,725 | 6.3 | -6 | 0 | 0 | 44.7 |
| 2019/02 | 175 | +25.5 | +17.1 | 42.38 | 26,693 | 6.3 | -12 | 0 | 0 | 38 | 0 | 0 | 0 | 0 | 26,731 | 6.3 | -12 | 0 | 0 | 44.9 |
| 2019/01 | 149.5 | +31.5 | +26.7 | 42.38 | 26,705 | 6.3 | -32 | 0 | 0 | 38 | 0 | 0 | 0 | 0 | 26,743 | 6.3 | -32 | 0 | 0 | 45.7 |
| 2018/12 | 118 | -8.5 | -6.7 | 42.38 | 26,737 | 6.3 | 0 | 0 | 0 | 38 | 0 | 0 | 0 | 0 | 26,775 | 6.3 | 0 | 0 | 0 | 42.6 |

資料來源：台灣股市資訊網

# 54 用各等級股東持股比例<br>追蹤大戶最新動態

很多投資人或許會覺得，每個月才看到董監及外資持股變化時效上太慢，因此，我們可以由每周的個股持股變動來做較為即時的觀察。

首先我們由右圖各持股等級股東持股比例可以發現法人主力的持股變化，這張圖表是從 2019 年第一周至 2019 年第十七周的統計，基本上來說 10 至 100 張屬於散戶階層，200 至 400 張屬於中實戶等級，400 至 800 張屬於法人及主力，800 至 1,000 張屬於大股東或外資，400 張到 1,000 張持股比例超過 70% 以上算是籌碼很穩定。

◆ **大戶持股比重增加的股票看多，大戶持股比重減少的股票看空**

我們先看千張持股比例由 2019 年第一周的 61.6% 到 2019 年的第 13 周 65.11% 來到持股高峰，股價也由 114 來到 217.5 元，由股東結構可以知道是外資拉抬上來的，而 800 至 1,000 張持股比例也由第一周的 2.35% 到第 13 周 4.177% 最高峰，接著就外資及法人就出現大幅度的獲利出場。但我們發現第 13 周後的 10 至 200 張持股比例是增加的，這證明散戶跟大戶或法人永遠是不同方向的，因此，當我們在當周發現 800 至 1,000 張持股比例減少而股價是收跌時，心中就要有警惕，尤其 10 至 200 張持股比例是反方向增加時，這證明大戶籌碼正流向散戶手中，股價最終還時會下跌的。

雖然在第 16 周時，千張持股比例有增加至 65.96% 再創近期新高，而股價在震盪後再創短線高點，但隔周就又出現大跌，如果仔細看第 13 周之後 400 至 800 張的持股比例及 800 至 1,000 張的持股比例是不增反

減的，就可以看出本土法人跟外資是不同調的，最後股價還是出現大幅度的回檔修正告終。

因此，如果 400 至 1000 張的持股比例是增加，股價是由低往上，代表主力外資在吃貨，如果法人操作不同向時，或許觀望會是較佳做法。

## ═ 400 至 1000 張持股比重代表大股東或是外資的動向 ═

| 週別 | 統計日期 | 當月股價 | | | 各持股等級股東之持股比例（％） | | | | | | | |
|---|---|---|---|---|---|---|---|---|---|---|---|---|
| | | 收盤 | 漲跌（元） | 漲跌（％） | 10張以下 | 10至50張 | 50至100張 | 100至200張 | 200至400張 | 400至800張 | 800至1千張 | 超過1千張 |
| 19W17 | 04/26 | 207 | -13 | -5.91 | 8.12 | 4.621 | 2.814 | 3.756 | 5.729 | 6.806 | 3.338 | 64.82 |
| 19W16 | 04/19 | 220 | +15 | +7.32 | 7.222 | 4.352 | 2.79 | 4.176 | 5.086 | 6.864 | 3.55 | 65.96 |
| 19W15 | 04/12 | 205 | 0 | 0 | 8.484 | 4.502 | 2.609 | 3.921 | 5.418 | 6.742 | 3.567 | 64.76 |
| 19W14 | 04/03 | 205 | -12.5 | -5.75 | 8.491 | 4.575 | 2.626 | 4.12 | 4.53 | 6.759 | 3.984 | 64.92 |
| 19W13 | 03/29 | 217.5 | +17 | +8.48 | 8.048 | 4.456 | 2.575 | 3.935 | 4.576 | 7.123 | 4.177 | 65.11 |
| 19W12 | 03/22 | 200.5 | +8 | +4.16 | 8.624 | 4.616 | 2.662 | 3.884 | 5.117 | 6.926 | 3.77 | 64.4 |
| 19W11 | 03/15 | 192.5 | +30 | +18.46 | 10.51 | 5.13 | 2.639 | 3.857 | 4.224 | 7.061 | 3.596 | 62.98 |
| 19W10 | 03/08 | 162.5 | -12.5 | -7.14 | 11.03 | 5.19 | 2.743 | 3.639 | 4.627 | 7.23 | 3.374 | 62.17 |
| 19W09 | 02/27 | 175 | +7 | +4.17 | 10.09 | 4.917 | 2.602 | 3.688 | 4.667 | 7.105 | 3.65 | 63.28 |
| 19W08 | 02/23 | 168 | +7.5 | +4.67 | 10.58 | 4.954 | 2.832 | 3.55 | 4.623 | 7.564 | 3.814 | 62.08 |
| 19W07 | 02/15 | 160.5 | +11 | +7.36 | 10.97 | 4.996 | 2.775 | 4.047 | 4.603 | 6.329 | 3.799 | 62.48 |
| 19W05 | 02/01 | 149.5 | -2.5 | -1.64 | 10.45 | 5.064 | 2.79 | 3.602 | 4.083 | 6.369 | 3.365 | 64.28 |
| 19W04 | 01/25 | 152 | +26 | +20.63 | 10.87 | 5.375 | 2.729 | 3.482 | 3.944 | 7.086 | 2.794 | 63.72 |
| 19W03 | 01/19 | 126 | +3 | +2.44 | 12.37 | 5.769 | 2.814 | 3.186 | 4.52 | 6.241 | 3.224 | 61.88 |
| 19W02 | 01/11 | 123 | +9 | +7.89 | 12.8 | 5.783 | 2.891 | 3.224 | 4.513 | 6.69 | 2.37 | 61.73 |
| 19W01 | 01/04 | 114 | -4 | -3.39 | 13.28 | 5.954 | 2.921 | 3.36 | 3.803 | 7.172 | 2.356 | 61.16 |

資料來源：台灣股市資訊網

## ═ 持股比例與操作建議 ═

| | 做多 | | 做空 | | 觀望 |
|---|---|---|---|---|---|
| 10-200 張 | 增加 | 減少 | 減少 | 增加 | 無關緊要 |
| 200-400 張 | 增加 | 減少 | 減少 | 減少 | 無關緊要 |
| 400-800 張 | 增加 | 增加 | 減少 | 減少 | 增加或減少 |
| 1000 張 | 增加 | 增加 | 減少 | 減少 | 增加或減少 |

資料來源：作者整理

## 55 如何由券商買賣日報
## 推算主力持股成本

操作股票，如果可以買在法人的買價之下或是賣的比法人賣出價還高，感覺好像不可能，但其實是可以做到的。只是由於不知道法人持股的基期及持股時間長短或是否參予除權息，所以只能推算個大概，但是當天的買賣點是比較可以推算準確的。其次，像自營商及投信大都在總公司下單，其他分點的大筆買單有可能是主力進出的券商，可以長期追蹤動向了解主力動態。

以穩懋 4 月 30 日的券商進出分析，賣超最多是新加坡商瑞銀行賣超 368 張，均價在 204.45 元，買超最多的是台灣摩根史丹利買超 758 張，均價在 202.71 元，未來投資人可以追蹤台灣摩根史丹利在甚麼價位賣出持股是賺還是虧。股價如果由高再拉回至 202.71 元上下時，該外資是否還會進場買進，藉此來判斷該外資對未來走勢看法，而新加坡商瑞銀行最近 3 個月內對該股屬於淨買超，因此可以判斷該天賣出是先前低價買進的獲利了結。

值得注意的是，兆豐金桃盛桃中可能是主力短線進出，兆豐虎尾也是短線操作，因此如果想短線進出，可以參考該點買在 201 元上下，當沖風險應該不大。

該股是由 2019 年 1 月開始起漲，因此我們追蹤近三個月的券商進出，可以發現國票及日盛台中都有較大筆進出，有可能是主力或中實戶買賣據點，其買賣的點位在 180 至 191 之間，或許下次股價跌到這區間時，可以觀察是否有短線進出的機會。

## 由各券商的買賣超資訊，可以猜出他們可能的進出場價位

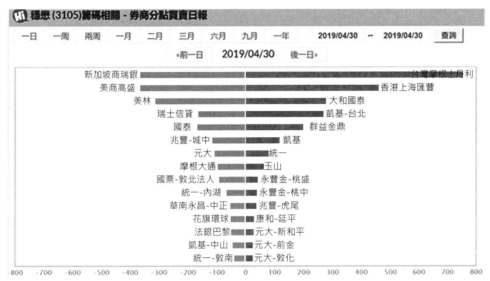

資料來源 :Hi stock

| 券商名稱 | 買張 | 賣張 | 賣超 | 均價 | 券商名稱 | 買張 | 賣張 | 買超 | 均價 |
|---|---|---|---|---|---|---|---|---|---|
| 港商麥格理 | 5,672 | 18,479 | -12,807 | 203.43 | 台灣摩根士丹利 | 22,322 | 17,176 | 5,146 | 196.94 |
| 瑞士信貸 | 14,592 | 22,101 | -7,509 | 191.92 | 元大 | 13,813 | 8,863 | 4,949 | 195.24 |
| 美林 | 29,219 | 33,853 | -4,634 | 192.45 | 香港上海匯豐 | 6,906 | 2,171 | 4,735 | 190.85 |
| 台灣匯立 | 3,306 | 6,977 | -3,671 | 189.74 | 美商高盛 | 13,474 | 8,831 | 4,642 | 189.89 |
| 摩根大通 | 8,480 | 11,848 | -3,368 | 191.71 | 元富 | 5,815 | 2,796 | 3,018 | 194.26 |
| 花旗環球 | 2,800 | 5,136 | -2,335 | 184.74 | 凱基 | 4,585 | 1,583 | 3,001 | 195.4 |
| 永豐金 - 內湖 | 830 | 2,328 | -1,497 | 178.72 | 永豐金 | 6,110 | 3,392 | 2,717 | 188.95 |
| 國泰 | 12,664 | 13,241 | -577 | 193.91 | 群益金鼎 | 4,401 | 2,054 | 2,347 | 193.15 |
| 凱基 - 三重 | 1,041 | 1,601 | -559 | 195.79 | 統一 | 10,679 | 8,555 | 2,123 | 201.84 |
| 犇亞證券 | 866 | 1,299 | -433 | 191.4 | 富邦 | 10,179 | 8,225 | 1,954 | 191.03 |
| 國票 - 台中 | 393 | 789 | -396 | 191.85 | 國票 - 敦北法人 | 5,714 | 3,829 | 1,884 | 193.26 |
| 港商野村 | 10,085 | 10,472 | -387 | 200.51 | 華南永昌 | 4,401 | 2,763 | 1,638 | 190.51 |
| 華南永昌 - 和平 | 121 | 484 | -362 | 198.22 | 凱基 - 台北 | 8,232 | 6,649 | 1,582 | 193.77 |
| 新加坡商瑞銀 | 11,428 | 11,788 | -360 | 188.88 | 大和國泰 | 6,146 | 4,640 | 1,506 | 195.56 |
| 日盛 - 台中 | 3,106 | 3,361 | -254 | 180.09 | 中國信託 | 2,389 | 1,100 | 1,288 | 191.74 |

資料來源 :Hi stock

# 56 用技術形態分析，
## 找出短線強勢股

有３種技術分析形態，特別容易形成強勢股，是做多的好標的。

（１）底部有明顯成交量堆積

　　在股價持續下跌一段時間後的底部，成交量往往會持續萎縮。如果這時有資金開始進入，則代表特定買盤正在建倉買入股票。當大量股票被特定人士持有後，市場上的流動籌碼相對減少。此後如果成交量逐漸減少，則標誌著主力建倉基本完畢，對於走出這種形態的股票，投資者應該重點關注。但有時候從主力建倉到行情發動需要相當長時間，從量能的角度來抓短線起漲股，有時難免遭到主力刻意洗盤，這時在配合均線的排列是否翻多及股價是否站在均線之上，則可達到雙重確認效果。

## ═ 在底部盤整的股票，要特別注意成交量的變化 ═

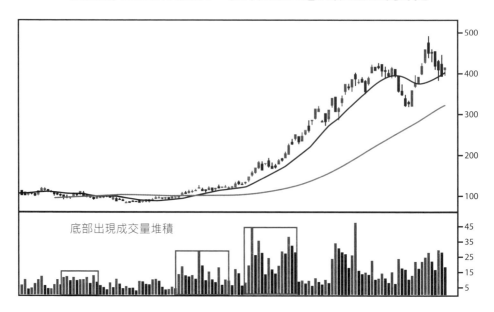

（2）K線在底部緩慢上漲

當K線在股價運行的底部緩慢上漲時，是籌碼已經被高度鎖定的信號。這種形態經常會表現出以下三個特點。

第一，K線圖中的陽線多、陰線少，股價忽高忽低。但從整體上看，其底部在逐步抬高。

第二，分時圖中的股價也是起伏不定，而且經常出現橫向盤整或者垂直移動。每檔買賣盤之間的差距也比較大，有時會相差好幾檔的跳動；

第三，每天的成交量開始出現不穩定的放大縮小，但是換手率保持在1%左右。

在這種情況下，投資者可以確定籌碼已經被主力高度鎖定。當成家量放大、股價有加速上漲的的跡象時，表示主升浪即將展開。這時投資者可以買入股票。

（3）移動平均線在底部區域波動時，往往會在底部反復糾纏。這是後市行情還不明朗的信號。當短期均線率先上漲，中期均線和長期均線也先後向同一方向運行時，移動平均線逐漸成多頭排列的形狀。這是上漲行情出現，主升浪即將展開的信號。

## 均線在谷底，由糾纏，轉為多頭排列，往往是主升浪將展開的訊號

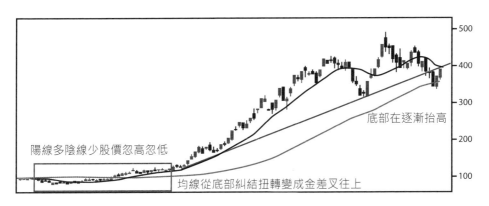

# 57

## 單獨以ATR（平均真實波幅均值）進行股票操作的方法

平均波幅均值可以單獨進行操作的工具及依據，以案例說明如后：

A 公司在 2019/1/18 收盤價為 60 元，22 日 ATR=2.13 假設投資者看好該公司未來股價會走強，本身有 100 萬元想買進那麼第一筆資金該投入多少？

買入單位 = 帳戶 1%÷ATR× 安全係數 =10000÷2.13×0.5（安全係數可以稍加放大）=2.34 約為 3 張

投入資金 =60×3=$180,000 元

在入市同時設好停損，為 2 倍 ATR

60-（2×ATR）=60-（5.0）=55（跌到 55 元停損）

60-55=5×3×1000=15,000（虧損金額占總資金 1.5%, 低於總資金 2% 要求）

### ◆ 加碼並提高停損

每上漲 0.5ATR 加碼一次 ，每次加碼以 2 張計算

60+（0.5×2.5）=60+1.25=61.25×2×1000=122,500

61.25-5=56.25 …. 加碼後的新停損點

61.25+1.25=62.5×2×1000=125,000

62.5-5=57.5 …. 加碼後的新停損點

62.5+1.25=63.75×2×1000=127,500

63.75-5=58.75 …. 加碼後的新停損點

當你買進第一筆時，停損承擔的損失是 2ATR，即總資金的 2%，這時候價格每上漲 1%，你的收益是 2%，當你買進第二筆時，後者損失是 2ATR，但是前者卻因停損上移而僅為 1.5ATR，總計為 3.5%，這時價格每上漲 1%，你的收益是 2%，當你買進第三筆時，其停損損失是 2ATR，第二筆則是 1.5ATR，第一筆是 1ATR, 你的收益是 3%，等你買到第 4 筆時，其停損損失是 2ATR，第三筆則是 1.5ATR，第二筆是 1ATR，第一筆是 O.5ATR，總計 5%，這時候價格每上漲 1%，你的收益是正 4%。我們就會發現，在每次加碼中，停損增加的損失會越來越小，但隨之而來的利益卻是等量上升，正是這樣停損方式，確保投資者在震盪的走勢中損失有限，但是可以在大行情中可以充分利用資金獲得最大收益可能性。

當然投資者要以其本身的資金作為加碼的考量，每次加碼的金額都能出現呈現等量的加碼比例，這樣才能夠在不段的加碼過程種降低持股的風險性，並且在看對行情的情況下，滿載而歸。

## ═ 在理想的情況下，隨著行情走高，要加碼並增加停損 ═

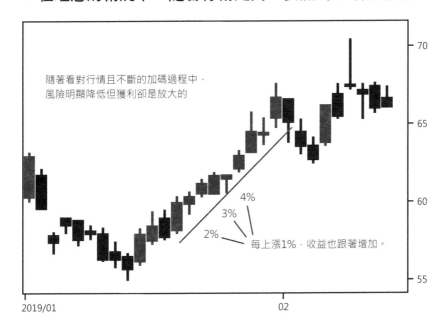

# 58 如何利用環境基本面
## 預測股票走勢

股票趨勢預測是指投資人根據股票行情的發展，對未來股市發展方向以及漲跌程度的預測行為。當投資者要當沖一支股票時，雖說成交量及技術走勢佔交易考量 80% 以上，但如能深入影響股價的環境基本面因素，在操作時方能準確的掌控順勢交易，所謂知己知彼百戰不殆。

其分析方法如下：

一、影響股價的基本因素與基本分析法。

股票價格是股票在市場上出售的價格。它的決定及其波動受制於各種經濟、政治因素，並受投資心理和交易技術等的影響。概括起來影響股票市場價格及其波動的因素，主要分為兩大類：一是基本因素；另一種是技術因素。

所謂基本因素，是指來自股票的市場以外的經濟與政治因素以及其他因素，其波動和變化往往會對股票的市場價格趨勢產生決定性影響。一般地說，基本因素主要包括經濟性因素、政治性因素、人為操縱因素和其他因素等。

二、政治因素影響股價。

政治因素泛指那些對股票價格具有一定影響力的國際政治活動。重大經濟政策和發展計畫以及政府的法令、政治措施等等。政治形勢的變化，對股票價格也產生了越來越敏感的影響其主要表現在：

1. 國際形勢的變化。如中美貿易戰對台灣相關產業初期造成壓力而

下跌，當中美關係的改善時會使有關公司的股價上升。投資者在面對這種局勢改變時，應不失時機地購進相關公司的股票。

2. **戰爭的影響**。戰爭使各國政治經濟不穩定，人心動盪，股價下跌，這是戰爭造成的廣泛影響。但是戰爭對不同行業的股票價格影響又不同，比如戰爭使軍需工業興盛、繁盛，那麼凡是與軍工需工業相關的公司的股票價格必然上漲。因此，投資者應適時購進軍需相關工業的股票，售出容易在戰爭中受損的股票。

3. **國內重大政治事件**，或是大選結果等也會對股票產生重大影響。即對股票投資者的心理產生影響。從而間接地影響股價水準。

4. **國家的重大經濟政策**，如產業政策、稅收政策、貨幣政策。國家扶持發展的產業，其股票價格會被推高，而國家限制發展的產業，股票價格會受到不利影響，貨幣政策的改變，會引起市場利率發生變化，從而引起股價變化；而調高個人所得稅，由於影響社會消費水準下跌，引起商品的滯銷，從而對公司生產規模造成影響，導致盈利下降，股價下跌。這些政治因素對股票市場本身產生的影響，即通過公司盈利和市場利率產生一定的影響，進而引起股票價格的變動。

## ═ 國際重大因素，往往個股有重大影響 ═

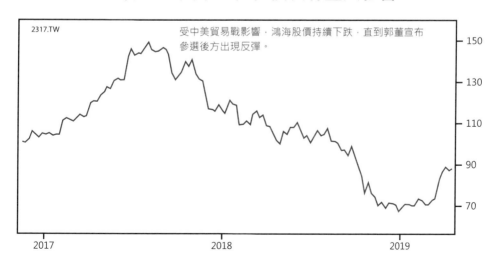

2317.TW　受中美貿易戰影響，鴻海股價持續下跌，直到郭董宣布參選後方出現反彈。

# 59 如何利用產業分析
## 預測股票走勢

大環境影響公司股票的走勢，那麼公司所屬行業的景氣變動也將影響股價的變動及趨勢。

公司的成長受制於其所屬產業和行業的興衰的約束，如企業屬於電子工業、AI產業，屬成長型產業，其發展前景比較好對投資者的吸引力就大；反之，如果公司處於夕陽產業，其發展前景欠佳，投資收益就相應要低。因此，公司所屬行業的性質對股價影響極大，必須對公司所屬的行業性質進行分析。其具體的分析應從以下三個方面進行：

### ◆ 產業特性，對股價有重大影響

1. 從商品形態上分析公司產品是生產資源還是消費資源。前者是滿足人們的生產需要後者則是直接滿足人們的消貴需要。但二者受經濟環境的影響不同。一般情況下，生產資源受景氣變動影響較消費資源大，即當經濟好轉時，生產資源的生產增加比消費資源快；反之，生產資源的生產萎縮也快。在消費資源中，還應分析公司的產品是必需品，還是奢侈品，因為不同的產品性質，對市場需求、公司經營和市場價格變化等都將產生不同的影響。

2. 從需求形態上分析公司產品的銷售物件及銷售範圍。如公司產品是以內銷為主，還是外銷為主。內銷易受國內政治、經濟因素的影響，外銷則易受國際經濟、貿易氣候的左右。同時還必須調查分析企業商品對不同需求物件的滿足程度，不同的需要物件對商品的性能、品質也有不同的要求，公司以需求定產，否則，必然影響公司的產品銷售，從而

影響盈利水準，使投資收益降低，股價下跌。

　　3. 從生產形態上分析公司是勞動密集型，還是資本密集型或是知識技術密集型。在生產的勞動、資本和技術的諸因素中，以勞動投入為主的屬勞動密集型以資本投入為主為資本密集型，以知識技術投入為主則為知識技術密集型。在經濟不發達國家或地區往往勞動密集型企業比重大，在經濟發達國家或地區資本密集型企業往往佔優勢。在當代隨著新的技術發展，技術密集型已逐步取代資本密集型。此外，不同類型的公司，勞動生產率和競爭力不同，也會影響到企業產品的銷售及盈利水準，使投資收益發生差異。

## ═ 企業的股價，受所屬產業影響 ═

# 60 如何由公司經營業績影響判斷股價

　　大同集團擁有多達 47 萬坪土地「庫存」，外界預估價值上千億元，但大同董監事持股比率偏低，因而一再引起市場派覬覦。大同集團提出華映聲請重整、綠能申請債權協商後股價一度出現連續性下跌後，近期在處份資產的影響下，股價出現橫盤整理，對投資者而言，在意的應該是公司的營收是否成長，產業前景是否有發展性，而非賣資產的短暫的利多，投資者怎麼從公司業績來判斷未來該公司的股價趨勢，進而在當沖交易時可以順勢操作，可以參考下列的解析：

## ◆ 公司經營業績影響判斷股價

　　從表面上看，似乎股價與效益、業績之間沒有直接關係，但從長遠的眼光來看，公司的經營效率、業績提高，可以帶動股價上漲，效率低下，業績不振，股價也跟著下跌。「股票隨業績調整」是股市不變的原則，有時候，行情跌與業績脫離關係，只是偶然現象，不管股價怎樣千變萬化，最後還是脫離不了業績，時間能證明，只有業績是股價最強烈的支持力量。因為，公司經營效率和業績的高低，是直接影響到公司的盈利和獲利能力。它可從各種方面來估量。如利潤率，盈利能力、每股盈利比例，投入產出比例，每個工作人員的產值，每元設備的產值，設備能力的利率，以及收入成本等指標來表示出來。所以，利益成長與否，則成為判斷股價動向的一個關鍵。

# 公司重發展，而非資產，如大同擁有 大筆土地，但是市場對其不時產生疑慮

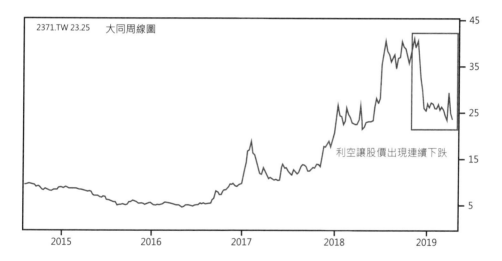

2371.TW 23.25　　大同周線圖

利空讓股價出現連續下跌

2015　　　2016　　　2017　　　2018　　　2019

# 61 當沖交易中追漲、殺跌該注意事項

　　新手死於追高，老手死於抄底，高手死於槓桿過大，價值投資者死於滿倉死扛。想要輕輕鬆鬆的當沖賺錢，就必須學好技術，正所謂天時地利人和，滿足三者才有可能成功。

　　在股市裡，天時就是判斷當下股市的行情究竟是是「風吹草低見牛羊」，還是「眾裡尋他千百度，暮然回首，竟是一隻大黑熊」；地利就是股票的各方面指標，從均線方向、籌碼變動、價量關係等方面去研究；而人和就是最後的我們能決定的東西。投資者想要順利的當沖贏錢，不能光靠人云亦云的選股去買股票的，掌握一門技術才是自己擁有的財富。

　　當沖交易主要是在極短的時間內快速地交易並且而獲利出場，在這種情況下免不了追漲殺跌，在股市裡，經常會有人討論追漲殺跌的風險，應該說，這兩種炒股方法的風險都是比較大的，所以如果你問股票追漲殺跌風險大嗎？可以肯定的告訴大家，風險很大，那麼作為投資者又該如何利用技術分析去避開這些風險呢？

## ◆ 追漲要追低檔盤整的股票

　　在所有的投資領域裡，都有一個共通的定律，那就是高風險的操作確實有可能帶來高收益，但是一旦失敗，那麼後果你也要去承受，畢竟資本市場的殘酷是大家有目共睹的。

　　追漲需要注意什麼？

　　1、追漲應追那些在底部盤整時間長的個股，因為盤整時間越長，其向上突破效果越佳，突破後上升幅。

2、追漲要觀察成交量的變化，成交量是判斷股票投資者能否追漲的基礎，階段性底部放量的股票，可以大膽追進。

3、追漲時要結合大盤的走勢，追漲要密切關注大盤的運行狀況，結合大盤走勢進行，如果確定大盤走勢穩定，那麼可以大膽追漲，因為強勢股始終會有所表現的。

4、追漲要注意股票的底部狀態，追漲要看底，底部形態決定了追漲操作的核心，從底部向上股票追漲，上升幅度最大，追漲效果最好。

5、追漲時應注意消息，對那些受一些利多消息刺激而股價攀升的個股，最好暫時不要追漲，而應在市場消化了這個利多消息之後，在進行追漲。

## ═ 追漲兩個最重要條件 ═

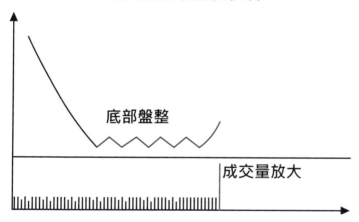

底部盤整

成交量放大

## ◆ 殺跌要殺高檔盤整的股票

殺跌需要注意什麼？

1、殺跌應追那些在高點盤整時間長的個股，因為盤整時間越長，其向下跌破頸線後，跌幅及跌勢會較為猛烈。

2、階段性頂部放量的股票，可以大膽追殺股票。

3、結合大盤走勢進行殺跌動作，如果確定大盤走勢疲弱，那麼可以大膽殺跌，因為弱勢股或籌碼凌亂的個股，補跌效應較大。

4、殺跌要注意股票的頂部狀態，殺跌要看頂，頂部形態決定了殺跌操作的核心，從頂部向下股票殺跌，下跌幅度最大，殺跌效果最好 。

5、殺跌時應注意消息，對那些受一些突發消息刺激而股價下跌的個股，最好暫時不要殺跌，而應在市場消化了這個突發消息之後，在進行評估。

## ═ 殺跌兩個最重要條件 ═

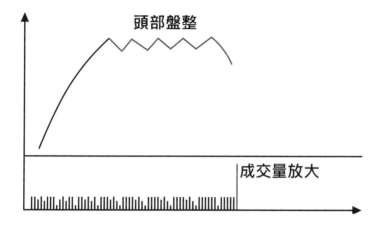

頭部盤整

成交量放大

# 62 追漲殺跌常出現的錯誤

追漲殺跌，在交易過程中常被詬病，當然有它的弊端所在。要避免追漲殺跌的弊端，一定要做到有所追有所不追，有所殺有所不殺。很多人運用追漲殺跌失敗，主要原因可以歸納出下列幾點：

1、在漲多股票的高檔位置區追漲，想著就賺 5% 就走，之後應該還有人接盤。

2、沒有等待回檔就追漲，很多熱門股漲勢只有一、二天，之後就是慢慢下跌。

3、沒有果斷出擊，等到行情已經漲一大波後才急忙進場追買，此時行情可能將出現反轉。

4、發現自己的判斷失誤了，不承認錯誤，不及時賣出止損。

5、看到股價下跌，想通過繼續買入降低平均成本，反而錯上加錯。

因此，投資者如果當沖買入之後，股票就不漲了呢？如果股票走勢證明你錯了，那麼及時止損！錯了就是錯了，不管是你分析錯了，還是股票走勢不科學。事實擺在你面前，它沒有按照你的想法上漲，那麼請承認這次操作的失敗。我知道這很難，但請清倉出局。不要繼續買入降低成本，不要幻想這是洗盤，趁著倉位不高，及時止損吧。

# ═ 條件符合立刻動作 ═

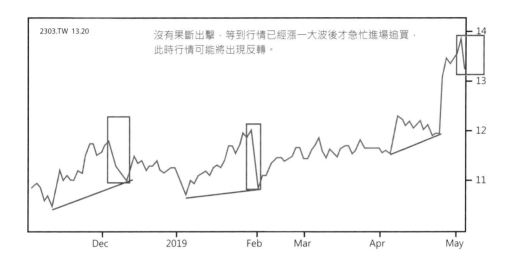

2303.TW 13.20

沒有果斷出擊，等到行情已經漲一大波後才急忙進場追買，
此時行情可能將出現反轉。

# 63 避開交易上的迷思：
## 不要看到跌就想買，看到漲就想賣

　　現實生活中，當價格跌了，你就會想去買。再跌再買、不斷的買，等過了好長一段時間，才發覺自己是在逆勢做多；同樣，當價格漲了，你就會想去空，再漲再空、不斷做空，等過了好長一段時間，才發現自己是在逆勢做空。

　　現實行情中，總覺得價格一會兒跌了這麼多，心裡莫名會疑惑「價格會這麼一直跌？」，總覺得不可能，總認為「價格很可能會反彈，會回到原來」，於是就出現賺了點就跑，等反彈後或回到原價格後，再做空。

### ◆ 人類原始的交易本能抄底摸高

　　其實，人類原始的交易本能並非探究長期趨勢，而是抄底摸高，之所以不是趨勢思想，關鍵原因是現實生活的習慣，潛移默化地影響到了我們的思維，形成了思維慣性。在步入交易世界之前，我們都會生活在現實生活中很多年，從小到大，就會深深受到這種原始思維的影響。

　　因為現實生活中的的生活品價格整體是保持穩定的，不容易迅速改變，這種思想經過長年累月，就會在我們的內心深處根深蒂固，當價格跌了一點，我們就會覺得便宜了，畢竟價格好長時間都沒跌，這次跌了，真不容易，馬上就想去買，漲了點，我們覺得賺了，同理也是，好長時間沒漲，這次真不容易漲了點，心理很高興，就想賣出去。

　　而交易世界中的行情價格是完全不同的，螢幕上的行情價格恰好又是不斷變化的，時刻都就變化，下一分鐘價格就會變，今日就變，明日就變，一天不一個價格，而且變化還不小，於是價格在短時間內就出現

變化。這和我們在現實生活中遇到的價格根本不一樣,而現實生活中的經驗又深刻烙印在我們的靈魂深處,所以我們會很容易將行情價格類比於生活品價格,當行情價格在短時間內跌了一些,我們不知覺地會認為「便宜了,要去買」,當行情價格在短時間內上漲了一些,我們不知覺地會認為「貴了,應該賣」。

**═ 人們習慣看了股票跌了一段就想買,看到股票 ═**
**漲了一段就想賣,不看更長期的趨勢如何!**

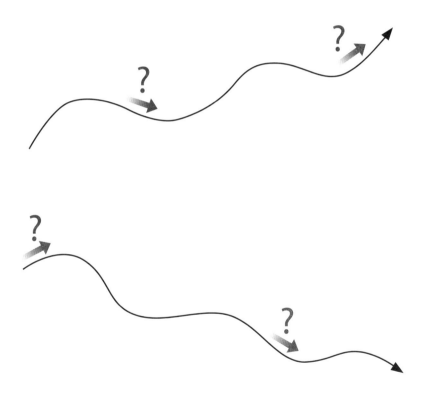

# 64 順著趨勢線方向交易，讓風險降到最低

　　股票的價格是隨著每天的交易在變動著，有時漲有時跌，如果我們用一個較長期的觀點來看，股價的變動幾乎是通一方向漲跌，就稱為趨勢。在判斷市場和股票的趨勢是基本功課，趨勢向上做多，趨勢向下做空，趨勢盤整等待方向選擇。而有關趨勢的判斷，最簡單的工具就是趨勢線。投資者經常會用趨勢線來尋求大盤的壓力及支撐。因此，我們有必要瞭解趨勢線的定義及使用方式。

## ◆ 一、趨勢線定義

　　它是用一根直線把重要的高點或低點相連，利用已經發生的趨勢來判斷未來方向或轉折的一種方法。畫趨勢線的目的是為了盡可能的反應價格波動，遵循的是道氏理論趨勢定義的精髓。

## ◆ 二、分類

　　上升趨勢線和下降趨勢線

　　1、連接某一時間段股價從低位開始最低點與股價形成明顯最高點之前的任意低點，強調中間不能有價格穿越，這樣的直線就是正確的上升趨勢線。

　　2、連接某一時間段股價從最高點開始與股價形成明顯最低點之前的任意高點，強調中間不能有任何價格穿越，就是下降趨勢線。

## ═ 上升趨勢線的畫法 ═

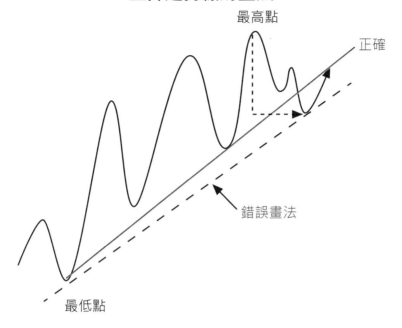

最高點

正確

錯誤畫法

最低點

## ═ 下降趨勢線的畫法 ═

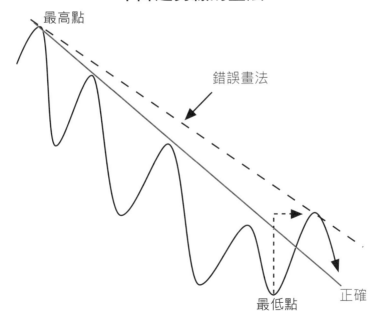

最高點

錯誤畫法

最低點

正確

### ◆ 三、操作方式：

　　股價沿著支撐線上漲時做多，跌破上升支撐線時平倉或翻空，股價沿著壓力線下跌時做空，穿越壓力線時平倉或翻多。

　　趨勢線是技術分析家們用來繪製的某一證券（股票）或商品期貨過去價格走勢的線。目的是用來預測未來的價格變化。這條直線是通過聯結某一特定時期內證券或商品期貨上升或下跌的最高或最低價格點而成。最終直線的角度將指明該證券或商品期貨是處於上升的趨勢還是處於下跌的趨勢。如果價格上升到了向下傾斜的趨勢線之上，或下降到了向上傾斜的趨勢線之下，技術分析家們一般認為，一個新的價格走向可能出現。一般認為，趨勢線分析是技術分析的一種方法，但是，趨勢線分析必須與其他的技術分析結合起來，效果才有可能更好。

## 在上升趨勢線之上做多，在下降趨勢線下之放空

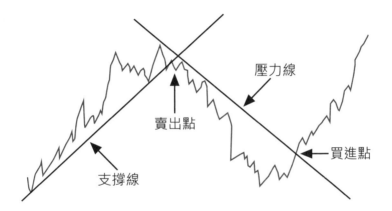

壓力線

賣出點

支撐線

買進點

# 65 用指標的背離快速掌握趨勢

指標背離，通常分為頂背離和底背離，是預示市場走勢即將見頂或者見底訊號。在幾乎所有的技術指標功效中都有背離提示作用的功能，包括 MACD、RSI 和 KD 等，它們使投資者可以用這些指標的背離功能來預測頭部的風險和底部的買入機會。

## ◆ 背離指標在日線及周線較強

但在選擇的時間參數上應適當延長。由於分鐘線存在著較多的騙線，一些技術指標會反復發出背離信號，使得其實用性不強，建議重點注意日或周線上的技術指標背離現象。

指標背離一般出現在高檔比較可靠，就是股價在高位時，通常只需出現一次背離的形態，即可確認反轉形態，而股價在低位時，一般要反覆出現幾次背離才可確認反轉形態。

指標背離可分為以下兩種：

1.　　頂背離：股價走高，技術指標走低，股價即將由多轉空。

2.底背離：股價走低，技術指標走高，股價即將由空轉多。

另外，背離次數愈多，見頂或見底的可能性將愈高。一般來說，如背離次數達 3 次或上，見頂或見底的機會相當高。然而回顧市場以往的走勢，從周線指標來看，當底部背離出現的時候，往往意味著買入機會來臨。那些背離時間越長的個股，啟動之後股價往往越有驚人的上漲空間。

## ═ 頂背離：股價走高，但是技術指標開始下降 ═

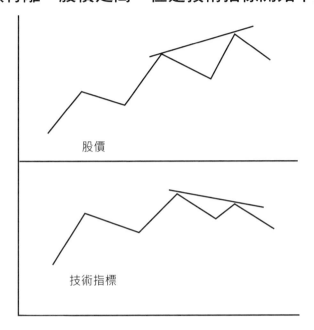

股價

技術指標

## ═ 底背離：股價走低，但是技術指標開下始上升 ═

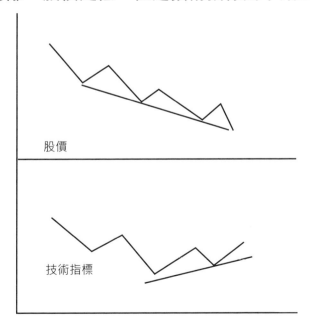

股價

技術指標

# 66 用 MACD 及 KD 指標背離 快速掌握趨勢轉變

MACD 柱狀圖產生背離，市場每年可能僅有幾次，但這是強烈的進出訊號。

MACD 柱狀圖斜率的重要性，高於柱狀圖位於零線之上或之下。當 MACD 柱狀圖位在零線之上而斜率由正轉負。這是最理想的賣出訊號，當 MACD 柱狀圖位在零線之下而斜率由負轉正，這是最理想的買進訊號。

一般而言，MACD 指標的走勢應與股價趨勢保持一致，即當市場走勢創出新高的時候，該指標也應隨之創新高，或者是同樣處於一個向上的趨勢，反之亦然。如果出現相反的走勢，則意味著市場即將見頂或者見底，此時就應注意要逢高賣出，或者考慮在底部擇機買入了；

KD 指標的背離是重要趨勢轉折的先兆，在 KD 指標中，當市場價格創出新高，但對應的 KD 值卻未能創出新高值，這就構成了頂背離，說明上升趨勢已經有發生反轉的徵兆；在下降趨勢中，當市場價格創下新低，但相應的 KD 值卻未能創出新低位，這就構成了底背離，它同樣是下降趨勢即將反轉向上的預警信號，也是趁低買入的有利時機。在 KD 指標的背離這個問題上，與 RSI 的一些過濾手法相似。我們還是要去相信靠近擺動區間極限位置的背離信號有更高的分析價值。頂背離越接近 100 度線的位置越可靠，反過來底背離越接近 0 的位置當然越有價值。RSI 指標也是如此，其周線指標也具有極強的提示作用，當市場價格持續走低，但該指標保持拒絕走低時，往往意味著市場底部的來臨。

## ═ MACD 背離 ═

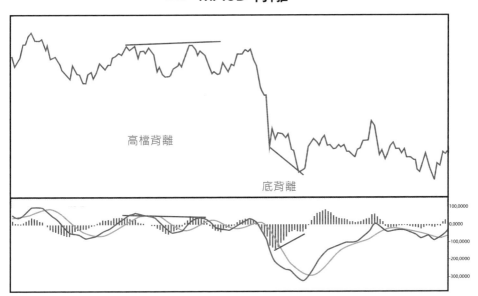

## ═ KD 背離 ═

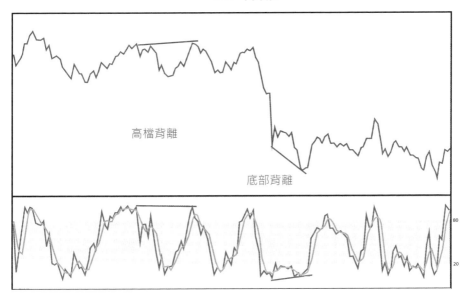

# 67
## 用上下 5 檔定價，
## 判斷走勢強弱

大盤走勢預測可從期指的變化來判斷，但個股買賣強弱分析，就得從盤面的上下 5 檔與即時成交價位做推測，買賣的上下 5 檔可以讓投資者了解買賣雙方的多空力道強弱。

排除在漲跌停價位的大筆買賣單之外，如果一支股票即時成交量大，每筆都以上百張成交，但上下 5 檔掛單都是幾十張的小單，這代表該股波動速度較快，當下正是當沖交易最熱絡的時候，很適合當沖買賣。反之，如果上下 5 檔都是掛上百張單子買賣，但成交量每筆都是幾十張，這代表該股波動速度較慢，該股就不適合當沖交易。

另外，投資者可由上下 5 檔中，較大筆的買賣單掛法，去判斷行情未來走向，因為大筆單子掛住買賣盤有著鎖盤效果，藉由鎖盤價位進而窺視主力未來操作心態。這種鎖盤稱之為定價操作。

定價操作可分為買盤定價、賣盤定價及上下定價 3 種。

（1）買盤定價：通常是主力用來吃貨作用，例如 50.5 元掛進 200 張買進，但 50 元掛 1,000 張買進，這種掛法容易讓賣盤不敢往下低賣，進而達到撐盤效果。

（2）賣盤定價：通常為主力定價出貨或是刻意壓盤的手法，例如選在大盤上漲或類股強勢時，刻意掛大筆賣單在某一價位，這時很多搶短的買單見族群股票都漲，只有這支不漲，進而搶進買入，這時主力就可順利脫手股票，當然有時也有刻意壓盤不讓該股漲太多。

（3）上下定價：主力刻意盤整，製造狹幅盤整效應，這使得耐心不

足的投資人不耐久盤，進而將手中持股釋出，達到吸取籌碼的效應，例如在 100 元掛進 1000 張買進，在 101 元掛賣出 1000 張，這使得投資者無法沖銷，只能選擇低賣換股，這時主力就可以輕鬆收集到較便宜的籌碼。

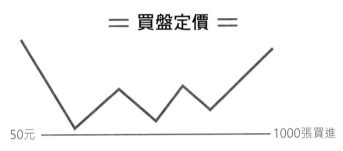

買盤定價：50元大單掛買，靠近該價位之前就會有買單攔截，達到撐盤效果！

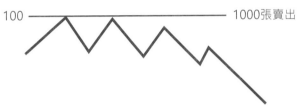

賣盤定價：主力利用盤勢走強或是利好消息壓盤出貨。

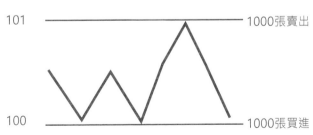

上下定價：狹幅盤整，以求達到吸取籌碼效應。

# 68 融資券交易成本計算

當日沖銷的學名叫做「資券相抵交割交易」。可見當沖必須運用融資、融券這些投資工具，才能進行沖銷交易。現在個股當沖看似跟融資沒很大關係，只看成交量不看融資餘額變化，但是當天如果沖銷不掉時，需要留倉時也是被轉為融資融券的體系（大部分是做空被轉為券賣或需要借券來應對，做多可以轉為現股買進問題不大），因此，不論是融資券當沖或是個股當沖，都可稱之為當日沖銷。

如果行情處於穩定持續上漲或下跌的狀態下，融資券交易可以利用槓桿倍數來放大獲利，這比用現金買賣來的有機會賺取更多收益。所以投資者應該瞭解利用融資券交易的成本如何？

## ◆ 融資買進部分：

老王買進股票 1 張，成交價 100 元，融資成數 60%

融資買進價款：100×1,000 ×1（張）=10 萬元

券商手續費：10 萬元 ×0.1425%=142 元

證券商借出金額：10 萬元 ×60%=6 萬元（百位以下的金額無條件捨去）

融資自備款（應交割金額）：10 萬元 +142 元 -6 萬元 =40,142 元

## ◆ 融券賣出部分：

老王賣出股票 1 張，成交價 100 元，融券成數 90%，借券費萬分之 8

融券賣出價款：100×1000 ×1（張）=10 萬元

借券費：10 萬元 ×0.08%（0.0008）=80 元

券商手續費：10 萬元 ×0.1425%=142 元

交易稅：10 萬元 ×0.3%（交易稅）=300 元

融券賣出擔保價款（擔保品）：10 萬元 -80 元 -142 元 -300 元 =99,4780

應繳保證金（應交割金額）：10 萬元 ×90%=9 萬元 計息部分：

融資買進需付利息，公式如下：（融資金額 × 融資利率 × 天數）÷365

以上述例子，老王融資買進 9 天後賣出，融資利率 6.95% 計算

〔60,000 × 6.95% × （9÷365）〕=102 元

融券賣出可收利息，公式如下：（（保證金＋擔保品）× 融資利率 × 天數）÷365

以上述例子，老王融券 9 天後賣出，融資利率 0.4% 計算

〔99,478×0.4%×（9÷365）〕＋〔90,000 × 0.4%×（9÷365）〕=9.8+8.8=18 元

## ═ 行情向上，採融資買進，可以擴大獲利空間 ═

# 69 利用資券比找出軋空個股

　　每年第二季一直是上市櫃企業辦理股東會的旺季，而在股東會前60天，也就是差不多對外公布股東會日期的時候，大約是在每年3月或4月左右，因為融券回補制度而使股價產生一波漲幅，這對當沖或短線交易者而言，容易出現順勢做多的操作好機會。

## ◆ 強制回補創造做多機會

　　通常融券回補（買股票還給券商）期限為半年，然而每年至少有兩個時間點必須強制回補：「股東會」及「除權息」。主要是因為企業必須提前釐清誰才是真正的股東，以利後續辦理股東會跟發放股利或股息。但有時招開臨時股東會時也有融券強制回補的行為產生，這給部分主力或做手可趁之機，鎖定特定企業來拉抬股價。故意每天都將股價拉至漲停，迫使融券投資人急於買進股票來回補停損，也會傾向掛漲停價設法搶買股票。如此一來，對於成交量較少的股票，出現天天跳空漲停，當股價拉到接近股東會前夕的時候（最後回補日為停止過戶日前6個營業日），主力再開始倒貨，就形成一波所謂的軋空行情，讓之前來不及回補的投資人，只能忍痛以更高的價格回補。這也是每年3至4月投資人期待的軋空秀。

　　那些股票容易產生回補行情？融券張數是重要觀察指標。一般而言融券張數多的，表示在短時間內需回補的張數多，但單憑融券張數多寡來判斷是否有軋空走勢太過武斷，因此，大部分的人會加入券資比這個指標來做為輔助。

　　所謂的券資比公式為：「（融券餘額/融資餘額）×100%。」，該比率被許多投資人做為判斷未來是否有軋空機會的參考指標之一。券資

比越高，後續發生軋空行情的機率越大，一般而言投資人習慣以 30% 作為初步的判斷基準。一般而言，券資比高的股票，代表融券餘額也高，未來軋空的可能性就愈大，特別是股東會前、除權息基準日前等融券必須強制回補的時間點，這些融券回補的買盤力道，往往也能為股價帶來支撐或助漲的效果。

## ═ 融券張數與資券比是掌握軋空個股的好時間 ═

| 名次 | 股票名稱 | 收盤價 | 漲跌 | 漲跌幅 | 融券餘額 | 融資餘額 | 券資比 |
|---|---|---|---|---|---|---|---|
| 1 | 00631L 元大台灣 50 正 2 | 39.75 | -1.63 | -3.94% | 1,577 | 1,000 | 157.70% |
| 2 | 006207FH 滬深 | 22.66 | -1.61 | -6.63% | 70 | 93 | 75.27% |
| 3 | 0050 元大台灣 50 | 82.30 | -1.45 | -1.73% | 560 | 836 | 66.99% |
| 4 | 0061 元大寶滬深 | 17.54 | -1.17 | -6.25% | 1,013 | 1,611 | 62.88% |
| 5 | 6591 動力 -KY | 46.25 | -2.75 | -5.61% | 1,252 | 2,149 | 58.26% |
| 6 | 00670L 富邦 NASDAQ 正 2 | 35.86 | -1.11 | -3.00% | 247 | 446 | 55.38% |
| 7 | 00672L 元大 S & P 原油正 2 | 18.49 | -0.74 | -3.85% | 7,069 | 13,438 | 52.60% |
| 8 | 00675L 富邦臺灣加權正 2 | 15.73 | -0.63 | -3.85% | 56 | 109 | 51.38% |
| 9 | 00668 國泰美國道瓊 | 28.38 | -0.34 | -1.18% | 9 | 18 | 50.00% |
| 10 | 00663L 國泰臺灣加權正 2 | 36.32 | -1.55 | -4.09% | 19 | 39 | 48.72% |
| 11 | 3338 泰碩 | 58.60 | -3.90 | -6.24% | 4,370 | 9,377 | 46.60% |
| 12 | 2439 美律 | 176.00 | -7.50 | -4.09% | 2,264 | 5,261 | 43.03% |
| 13 | 0056 元大高股息 | 27.08 | -0.48 | -1.74% | 204 | 490 | 41.63% |
| 14 | 00677U 富邦 VIX | 5.50 | + 0.36 | +7.00% | 242,148 | 588,192 | 41.17% |
| 15 | 4943 康控 -KY | 129.50 | -7.00 | -5.13% | 1,897 | 6,035 | 31.43% |

資料來源：富邦證券資券比排行表

# 70 外資借券賣出，股票會下跌嗎？

很多媒體及投資人把借券和融券都視為空頭象徵，而被外資大舉借券的股票，後市往往是被看壞走勢。對於長線投資人而言，將手中持股借出有利息可收，但又怕會害股價下跌得不償失，究竟對於外資借券該持何種態度看待，對該股未來走勢又會造成什麼樣的影響。

首先投資者必須了解，外資借券的目的除了看空後市，也可能是先借入、用於未來有避險、套利等策略性交易；因此借券的時間長短也不一，可能只借 1 天，也有可能借好幾個月（借券時間為半年，但可以按規定展延），有可能是借新還舊，新出借的利率較低，還掉利率較高的舊券；外資借來股票，不論多空，都是防範未來可能發生的事情，但有時候事情沒有發生或者根本就看錯盤勢，外資借來的股票沒有操作就還券了。

## ◆「借券賣出」與「借券賣出餘額」是重點

借券真正要觀察的數據是「借券賣出」與「借券賣出餘額」。前者是指當日投資人將已借入的股票在市場賣出的數量，這些已涵蓋於當日該股票的成交量內，所以借券賣出是已實現的賣壓，並不是未來的潛在賣壓。至於「借券賣出餘額」，是指本日該股票「借券賣出」的數量加上前一日尚未回補的數量，再減掉本日回補數量的餘額，是未來可能還券的張數，可以視為未來回補的力道。

簡單來說，當外資借券賣出餘額增加，代表外資對於這檔個股的看法較偏空，若外資借券賣出餘額減少，也就代表外資對於這檔個股的看法已由空轉為中性或偏多。

# ═ 借券賣出餘額增加，代表借券人看空市場 ═

| 排名 | 股票 | 金額（億） | 借券賣出餘額變化（張） | 收盤價 | 漲跌 | 成交量（張） |
|------|------|-----------|------------------------|--------|------|-------------|
| 1 | 富邦 VIX | -0.25 | -4634 | 5.34 | ▼ 0.16 | 69920 |
| 2 | 富邦金 | -0.56 | -1231 | 45.4 | ▼ 0.2 | 11341 |
| 3 | 南亞科 | -0.69 | -1037 | 66.2 | ▲ 1.2 | 8796 |
| 4 | 國泰中國 A50 正 2 | -0.29 | -954 | 30.09 | ▲ 0.24 | 13916 |
| 5 | 緯創 | -0.21 | -833 | 25.5 | ▲ 0.6 | 10326 |
| 6 | 台郡 | -0.76 | -802 | 94.6 | ▲ 0.6 | 3008 |
| 7 | 致茂 | -1.00 | -655 | 152.5 | ▼ 0.5 | 789 |
| 8 | 全新 | -0.45 | -522 | 86.6 | ▲ 2.1 | 1657 |
| 9 | 台虹 | -0.13 | -282 | 46.5 | ▲ 0.95 | 10543 |
| 10 | 遠傳 | -0.18 | -242 | 76 | ▲ 1 | 1976 |
| 11 | 興富發 | -0.11 | -221 | 48.7 | ▼ 0.05 | 1242 |
| 12 | 台灣大 | -0.24 | -209 | 114 | ▲ 1 | 4212 |
| 13 | 華頓 S&P 黃豆 | -0.03 | -200 | 14.72 | ▲ 0.08 | 1853 |
| 14 | 台表科 | -0.11 | -186 | 60.3 | ▲ 1.9 | 8513 |
| 15 | 統一超 | -0.53 | -178 | 298.5 | ▲ 0.5 | 1080 |

資料來源：玩股網

# 台灣廣廈 國際出版集團
### Taiwan Mansion International Group

國家圖書館出版品預行編目（CIP）資料

100張圖學會股市當沖／陳榮華著
-- 初版. -- 新北市：財經傳訊，2019.06
面；　公分. --（through；18）
ISBN 978-986-130-429-8（平裝）
1.股票投資　2.投資技術　3.投資分析
563.53
108004117

**財經傳訊**
TIME & MONEY

# 100張圖學會股市當沖
## ：班照上，股照炒！最嚴謹SOP，9：15前搞定，安心工作輕鬆賺

| | |
|---|---|
| 作　　　者／陳榮華 | 編輯中心／第五編輯室 |
| | 編 輯 長／方宗廉 |
| | 封面設計／林嘉瑜・**內頁排版**／游順發 |
| | 製版・印刷・裝訂／東豪・弼聖・秉成 |

| | |
|---|---|
| 行企研發中心總監／陳冠蒨 | 線上學習中心總監／陳冠蒨 |
| 媒體公關組／陳柔彣 | 數位營運組／顏佑婷 |
| 綜合業務組／何欣穎 | 企製開發組／江季珊、張哲剛 |

發 行 人／江媛珍
法律顧問／第一國際法律事務所 余淑杏律師・北辰著作權事務所 蕭雄淋律師
出　　版／財經傳訊
發　　行／台灣廣廈
　　　　　地址：新北市235中和區中山路二段359巷7號2樓
　　　　　電話：（886）2-2225-5777・傳真：（886）2-2225-8052

全球總經銷／知遠文化事業有限公司
　　　　　地址：新北市222深坑區北深路三段155巷25號5樓
　　　　　電話：（886）2-2664-8800・傳真：（886）2-2664-8801
郵 政 劃 撥／劃撥帳號：18836722
　　　　　劃撥戶名：知遠文化事業有限公司（※單次購書金額未達1000元，請另付70元郵資。）

■出版日期：2019年6月　　　　　■初版13刷：2024年4月
ISBN：978-986-130-429-8